성과지표의
배신

성과지표의 배신

제리 멀러 지음 | 김윤경 옮김

성과급에서 대학평가까지,
측정 강박은 우리의 조직과 사회를 어떻게 위협하는가

The Tyranny of Metrics

궁리
KungRee

추천의 말

"제리 멀러의 이 책은 양적 수단으로 조직의 성과 결과를 개선하려는 노력이 어떻게 꼼수와 조작의 문화로 전이되었는지 보여주는 명쾌하고 흥미로운 책이다. 얄팍한 계량화가 사회의 주요 조직들을 위협하고 있는 때인 만큼 우리가 판단과 윤리적 고찰을 회복해야 한다는 논거를 교육, 의료, 보상에 관한 세심한 사례 연구를 통해 설득력 있게 제시한다."
— 라케시 쿠라나Rakesh Khurana, 하버드경영대학원 교수·교육자

"대학들이 왜 고등교육 경력이 거의 없거나 전무한 사람을 총장으로 고용하는 실수를 저지르는지, 또 어째서 이런 외부 인사 영입이 십중팔구 실패하는지 궁금했던 적이 있는가? 그렇다면 제리 멀러의 이 책을 읽어라. 그런 어리석은 선택이 어떻게 초래되는지 다양한 사례를 들어 설명하고 있다. 불행하게도, 숙련된 전문가의 상황적인 판단보다 특효약 같은 측정지표(그 자체로 통찰력과 지혜를 가져온다고 광고하는 표준화된 측정수단과 대규모 데이터뱅크)가 약속하는(하지만 장담하지는 않는) 객관적인 판단을 우선시하는 현상은 우리 사회의 주류로 자리 잡았다. 멀러는 문장이 끝날 때마다 절로 고개가 끄덕여지는 날카롭고 간단명료한 문체로 이 근거 없는 믿음을 파헤친다."
— 스탠리 피시Stanley Fish, 문학비평가·법률학자

"계량화는 한낱 도구에 불과했지만 지금은 숭배 대상이 되었다. 그리고 제리 멀러만큼 고정관념을 버리는 데 능란한 사람은 없을 것이다. 정치적·사회적 원칙을 해체하는 그의 탁월한 솜씨가 이 책에 분명하게 드러나 있다. 경영진과 비경영진 모두를 위한 필독서로 적극 추천한다."
— 에드워드 테너Edward Tenner, 『효율성의 역설The Efficiency Paradox』 저자

"이 책은 우리의 학교, 대학, 병원, 군대, 비즈니스에서 수치적 평가가 어떻게 성과에 악영향을 미치는지 다양한 예로써 보여준다. 아주 중요한 문제의식을 담고 있는 책이다."
— 조지 애컬로프George A. Akerlof, 노벨경제학상 수상자

"멀러는 우리가 측정지표에 지나치게 의존할 때 측정이 쉬운 것들만 가치 있게 여기는 오류를 범할 수 있다고 경고한다. 이외에도 측정 강박을 둘러싼 다양한 논점을 잘 정리해두고 있다. 이는 교사와 교육 관련자들에게는 무척 익숙한 개념일 것이다. 영국 교육기준청의 수석 장학관이 최근에 이 책을 읽고 많은 생각을 하게 됐다는 연설을 했다. 이 책은 긍정적인 변화의 신호탄으로 보인다. 부디 정치인을 포함해 교육 관계자들이 이 책에 담긴 핵심 메시지를 들여다볼 기회가 있었으면 한다."
— 제임스 보언James Bowen, 《타임스 교육 부록Times Education Supplement》

"멀러의 말처럼 '측정과 보상이 이뤄지는 것은 다 꼼수의 대상이 될 수 있다.' 하지만 우리 사회에는 이런 기본적인 사실조차 깨닫지 못하는 사람이 너무 많은 듯 보인다. 정량적인 측정의 위험성을 간결하고 훌륭하게 소개한 멀러의 책을 정독한다면 이를 바로잡는 데 도움이 될 것이다."
— 에드워드 챈슬러Edward Chancellor, 《브레이킹뷰스Breakingviews》 칼럼니스트·경제학자

"제리 멀러는 이 책에서 측정과 관리주의 숭배의 부정적인 측면을 가차 없이 폭로한다."
— 《이코노미스트The Economist》

"인간의 성과와 책임성, 투명성을 수치로 환산해 성공을 정의하려는 풍조는 모든 업계에 퍼져 있는 현상이다. 오늘날의 세태를 비판한 중요하고도 시의적절한 책이다."
— 《패러다임 익스플로러Paradigm Explorer》

"처음부터 끝까지 흥미롭다. 간결하고 가식이 없으며 전문적이고 통찰이 가득하다."
— 피에르 르미외Pierre Lemieux, 《레귤레이션Regulation》

"경제역사학자 제리 멀러는 오늘날 사회에 만연한 측정 강박 현상을 날카롭게 비판하고 이를 통해 세상의 모든 숫자 애호가들에게 묵직한 한 방을 날린다."
— 바버라 카이저Barbara Kiser, 《네이처Nature》

"멀러는 측정 강박이 어떻게 의도하지 않은 결과를 낳는지 설명하는 데 그치지 않는다. 먼저 이러한 역기능을 일으키는 원인이 무엇인지 파헤친 다음, 측정지표를 더 생산적으로 활용할 수 있는 방법까지 제시하고 있다."
— 스테판 콜리니Stefan Collini, 《런던 리뷰 오브 북스London Review of Books》

피터 도허티를 위해

"계량화할 수 없는 것은
존재하지 않는다고 믿는 사람들은
존재하는 것은 모두
계량화할 수 있다고 믿는다."

— 에런 해스펠Aaron Haspel

차례

1부. 논거

2부. 배경

3부. 여러 분야에서 나타나는 잘못된 측정 사례 연구

여록

4부. 결론

저자 서문*

    이 책은 '측정지표의 횡포The Tyranny of Metrics'라는 제목의 영문판으로 2018년에 처음 출간되었다. 한 독자는 다음번 표지에 "횡포는 계속된다!"라는 문구를 추가해서 넣으라는 의견을 주었다. 농담으로 건넨 한 마디였지만 생각하면 할수록 그 말이 맞는 듯했다. 책이 출간된 후로 다양한 직업군에 종사하는 사람들이 의견을 보내왔는데, 하나같이 "상황이 훨씬 더 심각하다"는 얘기였다. 이 책에서 다룬 "측정 강박" 현상이 실제로는 훨씬 더 광범위하고 뿌리 깊을 뿐 아니라 상상하기 힘들 만큼 큰 중압감을 준다는 것이었다.

    이 책은 성과 측정이나 성취에 따른 보상, 투명성이 나쁘다고 말하지 않는다. 그보다는 이러한 수단을 목적으로 바꿔놓는 "측정 강박" 현상을 조명하고, 이 현상을 뒷받침하는 믿음이 겉으로는 그럴싸해 보여도 실은 그렇지 않음을 보여주고자 한다. '측정지표의 횡포'라는

---

* 이 글은 2018년 초판 발행 이후, 2019년에 출간된 페이퍼백 판본에 수록된 저자 서문이다.

제목도 성과지표가 본질적으로 나쁘다기보다는 억압의 수단으로 잘 못 사용되고 있다는 메시지를 전하기 위해 생각해낸 것이다.

이 책은 많은 사람들이 조직 생활에서 겪는 좌절감과 불만을 사회과학적 관점에서 풀어내고 있다. 자신이 몸담은 조직의 근본적인 목표와 목적을 지지하는 사람들조차도 이 불편한 감정에서 자유롭지 못하다. 그래서 이 책에서는 윗사람들에게 조직 발전의 걸림돌로 찍힐까봐 차마 대놓고 말하지 못하고 동료들과 '쉬쉬하며' 얘기하는 것들에 대해 다뤄보려고 한다. 측정을 얼마나 잘하는가가 발전을 정의하는 기준이 되는, 그런 흔한 조직들의 이야기다.

이 책의 내용은 어느 한 분야에 국한되지 않는다. 이 책을 어느 카테고리에 넣을지를 두고 담당 편집자와 의논해봤는데, 공공정책의 문제를 다룬다는 점에서는 "시사"에 가까웠고 사회 구조를 다룬다는 점에서는 사회학에, 또 권력과 통제를 다룬다는 점에서는 정치학, 인센티브를 다룬다는 점에서는 경제학, 조직 내 동기 부여를 다룬다는 점에서는 조직행동학에 가까웠다. 뿐만 아니라 이 책은 진짜 지식과 가짜 지식에 대한 믿음의 변천 과정을 보여주기 위해 사회과학의 원리와 역사를 인용한다. 숫자는 객관적이고 과학적이며 신뢰할 수 있는 반면 판단은 못 미더운 것이라는 신념도 그러한 믿음 가운데 하나다.

또한 이 책은 경영서의 면모도 갖추고 있다. 그런데 원고를 완성하고 나서 보니, '경영 대상'이 광범위하다는 점에서는 보편적인 관리에 관한 책으로 볼 수도 있겠다는 생각이 들었다. 다른 경영서와는 다른 점이라고 할 수 있다. 또한 조직을 혁신할 새로운 기법을 소개하는 유쾌하고 낙관적인 일반 경영서들과 달리, 이 책은 비판적인 어조로 만병통치약식 처방에 대해 경고하고 대신 측정, 책임성, 투명성이라는 이름으로 팔려 나가는 가짜 약을 중화해줄 해독제를 소개한다.

본문에서는 교육, 의료, 치안, 군대, 비즈니스 등 다양한 분야에서 일어나는 측정지표의 올바른 사용과 빈번한 오용 사례들을 탐구한다. 이는 우리 사회에서 광범위하게 일어나는 과정과 문제들을 '예시적으로' 보여주는 것일 뿐, 반드시 그렇다는 얘기는 아니다. 이 책에 제시된 일반적인 양상들을 알고 나면 여러분 스스로 더 많은 사례를 찾아보거나 측정 강박의 폐해가 미치는 또 다른 분야를 조사해볼 수 있을 것이다.

실제로 몇몇 독자들은 스포츠와 광고 분야에서도 똑같은 문제가 일어나고 있다고 알려왔다. 야구선수 스카우터 또는 야구 마니아를 자처하는 독자들은 측정 강박이 군림하면서 메이저리그 야구가 변질되기 시작했다고 고백했다. '측정지표'를 뜻하는 메트릭스가 스포츠 경영과 코칭에 도입된 것은 오래전 일이지만 최근 들어 그 활용도가 크게 높아졌는데, 마이클 루이스의 『머니볼』(2003)에 통계를 이용한 야구 데이터 분석법인 "세이버메트릭스sabermetrics"가 잘 나타나 있다. 『머니볼』은 오클랜드 어슬레틱스 야구팀의 경영진이 측정지표를 이용해 팀의 순위를 끌어올린 실화를 다룬 책이다. 이때부터 메이저리그에는 안타 몇 번보다 홈런이 점수를 내기에 유리하다는 계량적 분석이 지배했다. 측정학을 전공한 분석가들에게 코칭을 받은 타자들은 이제 안타가 아닌, 홈런이 잘 나오는 "발사 각도"를 찾아내는 데 골몰했고 삼진 아웃도 기꺼이 감수했다. 그 결과, 프로 야구가 측정 분석에 따라 능률화되었고 경기는 더욱더 규칙성을 띠게 되었다. 다시 말해, 안타가 줄어들면서 각 루를 도는 선수들도 줄고 도루도 거의 자취를 감추게 되었다. 정작 관객들을 열광시키는 것은 각 루를 도는 선수나, 주자가 무사히 본 루에 들어올지 말지 알 수 없을 때의 긴장감 같은 야구의 불규칙성인데 말이다. 결국 경기가 지루해지면서 관객들의 발길도 뜸해졌다. 이 책의 서평을 쓴 앨런 제이콥스Alan Jacobs도 한때는 야구 광팬이었지만, 지금은 환멸을 느끼고 돌아선 사람이다. 그는 서평에서 메이저리그 야구가 "우리의 논점과 생각과 관심을 측정과 평가의 기법에" 맞추려 하는 측정 강박 현상을 단적으로 보여주는 예라고 지적했다.[1]

오늘날의 광고 트렌드 또한 단순히 측정하기 쉬워서 특정 옵션을 선택하는 "측정 가능성 편향"을 분명하게 보여준다. 예를 들어, 이제 기업들은 브랜드 개발을 위해 다양한 매체에 광고를 게재하기보다는 링크 클릭의 형식으로 "직접적인 반응"을 알려주는 매체에만 광고를 내보내려고 한다. 이런 광고들은 그 효과를 측정할 수 있지만 옥외 광고나 텔레비전 광고, 신문 광고는 그렇지 않다고 여기기 때문이다. 측정할 수 있는 것에만 투자할 가치가 있다는 논리에 따라, 기업들은 인터넷상에서 광고 트래킹을 제어하는 구글, 페이스북 같은 온라인 플랫폼으로 광고비를 이전하고 있다. 그리고 이러한 트렌드는 가짜 웹사이트를 만든 뒤 클릭을 유도해 광고 수익을 내는 수법으로 광고주들의 돈을 뜯어내는 "봇bot" 기반의 대규모 광고 사기로 이어졌다.[2]

　측정 가능성 편향은 대외원조 분야에서도 두드러지게 나타나는데, 이는 대외원조 활동이 장기적인 혜택보다 단기적인 결과에 더 집중되도록 한다. 많은 국가에서 시급한 문제로 여겨지는 수자원 개발을 예로 들어보자. 한때 미국의 개발 원조는 물 관리 시스템을 구축하도록 돕는 데 집중됐다. 그리고 급증한 도시 인구로 물 수요가 늘어난 국가에 지속 가능한 물 공급을 지원하려면 복잡한 활동들이 필요했다. 예를 들면 댐과 관개시설을 조성하는 것은 물론, 수자원 보호를 장려하고 물 비축과 오염, 물 소비량이 큰 작물의 재배를 억제하는 정책들을 개발해야 했다. 하지만 측정 가능한 결과를 요구하는 의회의 압박, 그리고 성과에 기반한 예산 편성 때문에 미국국제개발처USAID는 중요한 것을 포기하고 측정 가능한 것으로 눈을 돌리게 되었다. 미국 국무부 역시 복잡하고 장기적인 물 관리 사업에 투자하기보다는 계산하기 쉬운 (수도시설과 화장실 같은) 위생 사업에 더 주력한다.[3]

측정 가능한 결과에 대한 압력이 왜곡을 낳는 현상은 자선 사업 분야에서도 눈에 띈다. 이에 관한 내용은 13장에서도 짧게 다루지만 덧붙이고 싶은 얘기가 많다. 오늘날 자선 업계에서는 빌 앤드 멀린다 게이츠 재단Bill and Melinda Gates Foundation 같은 대형 재단들의 지배력과 영향력이 커지고 있다. 이 재단들은 측정된 성과를 법정 화폐처럼 여기는 IT와 금융계 거물들답게 자선 사업에서도 측정 가능한 결과를 강조한다. 그에 따라 측정하기 어렵거나 장기적으로만 나타나는 효과는 희생되고, 대부분 즉각적으로 측정되는 것들이 목표로 정해진다. 이러한 풍조는 소규모 자선단체는 물론, 국제개발 부문의 정부기관에도 고스란히 영향을 미친다.

이 책을 주의 깊게 읽다 보면 알겠지만, 책에서 다루는 측정 문화와 오용 사례들은 훨씬 더 고전적인 주제, 그리고 보다 광범위한 당대 문제들과 맞닿아 있다. 이 책은 '학습으로 습득하는 기술 대對 경험으로 체득하는 실질적 지혜'라는 오랜 쟁점을 담고 있다. 또한 일반적인 법칙에 근거해 결정을 내릴 수 있는 체계적이고 관념적인 인간의 문제와 더 나은 의사 결정을 위해 특수하고 맥락적인 지식을 이용해야 하는 상황이 어떻게 다른지 설명한다. 뿐만 아니라 이 책은 관리주의와 과학주의가 오늘날 조직에 미치는 폐해 등 당대의 문제를 비판적인 눈으로 바라본다. 다시 말해, 관리는 쉽게 포장되어 나오는 측정 기법 세트가 아니라 상당 부분 연습과 재능을 통해 습득되는 기교라는 사실을 설파한다. 주로 미국과 영국의 경우를 사례로 들고 있지만, 이런 조직 문화는 전 세계로 퍼져 나가고 있다.

숫자와 표준화된 성과 측정과 빅 데이터는 미래의 대세로 여겨지는 반면, 경험과 재능을 살린 전문가의 판단은 시대착오적인 유물 취급을 받는다.

한마디로, 재능과 경험을 토대로 판단을 내리는 시대는 가고 측정의 시대가 왔다. 행동심리학 분야의 학자들은 한쪽으로 치우친 생각이 수치 값과 확률을 잘못 평가하게 만든다고 설명하며, 판단에 대해 경계심을 드러낸다. 사회적 편견에 시달렸을지도 모를 사람들에게 판단은 곧 편견이고 편견은 부당한 차별을 의미한다. 그에 반해 "명백한" 숫자로 이루어진 "객관적인" 측정지표는 해독제나 다름없어 보인다. 이 때문에 성과를 측정해 그 결과를 공개하고 그에 따라 보상하는 일은 교육, 의료, 치안, 기타 공공 부문에서 종종 문제를 해결할 묘약으로 여겨진다.

측정지표 예찬론은 여기서 끝이 아니다. 경영학계 권위자들은 빅 데이터에 기반한 알고리즘의 탁월한 효과를 침이 마르도록 칭찬하고, 이에 질세라 컨설턴트들도 조직의 결함을 수정할 해법으로 더 많은 데이터를 내세운다.

여기에 IT 기술의 유혹도 무시할 수 없다. 데이터 수집 기회는 늘고 그 비용은 줄면서, 데이터가 곧 해답이며 조직들은 이 해답에 맞게 문제점을 찾아내야 한다는 믿음이 퍼져 있다. 측정 데이터를 축적해 조직 내 많은 사람들과 공유하면 어떤 식으로든 나아지는 점이 있으리라고 무비판적으로 받아들이는 것이다. 이런 상황에서 경험과 재능에 따른 판단이 과연 필요할까?

이 책에서는 '그렇다'고 말한다.

서론

데이비드 사이먼과 에드워드 번즈가 실제 경험을 바탕으로 각본을 쓴 미국 방송 채널 HBO 드라마 〈더 와이어The Wire〉는 일각에서 우리 시대를 잘 대변하는 뛰어난 문화 기록물로 여겨진다. 그도 그럴 것이, 볼티모어라는 미국 도시 한 곳에 스포트라이트를 비추고 경찰, 학교 시스템, 지방정치, 언론 같은 주요 기관들을 심층 분석하고 이 기관들의 활동과 역기능을 적나라하게 펼쳐 보여주기 때문이다. 조직의 역기능이라는 테마가 서구 사회 전반에 만연한 문제인 까닭에 이 시리즈는 전 세계 시청자들을 끌어 모았다.

〈더 와이어〉에는 여러 가지 주제가 반복적으로 등장하는데, 그중에서도 측정지표metrics, 즉 측정된 성과가 "책임성accountability"의 보증 수표로 부각되는 점이 흥미롭다. 경찰 지휘관들은 범죄 해결 건수, 마약범 검거 수, 범죄율 같은 수치를 맞추는 데 혈안이 되어 있고, 이런 통계적 목표치를 맞추기 위해 효과성을 희생시키는 다양한 수단까지 동원한다. 정치인들은 경찰이 범죄를 통제하는 데 성공했음을 증명하는 여러 수치를 요구한다. 그래서 경찰 조직은 살인 사건이 관할 구역으로 배정되지 않도록 최선을 다하며 몸을 사린다. 어떤 강력계 경사는 마약 갱단이 폐가에서 시체를 처리한다는 사실을 알고도 이를 들추지 못하게 훼방을 놓는다. 이 사실을 드러내봐야 범죄 해결의 측정지표인 "소탕률"만 줄어들기 때문이다. 이야기의 큰 줄기는 거물급 마약왕에 맞서 복잡한 범죄 사건을 풀어나가려는 열혈 형사들을 중심으로 흘러간다. 하지만 이 사건을 해결하는 데는 몇 년까진 아니더라도 몇 달이 걸리기 때문에 이들의 상관들은 경찰 조직이 좋은 측정지표를 얻을 수 있도록 잔챙이 마약상들만 체포하며 부하들의 사기를 꺾어놓는다. 이런 잔챙이들이 금세 다른 잔챙이로 대체된다는 사실은 상관들의 관심 밖이다. 해를 넘기기 전에 중범죄 발생률을 5퍼센트 줄이라는 시장실의 강력한 요청은 실제 범죄를 눈감아주거나 범죄의 경중을 낮추어야 달성 가능한 목표이기 때문이다. 그래서 사건이 터질 때마다 상관들은 "통계치를 속이는" 데 여념이 없다. 실제 결과를 왜곡하거나 범죄 예방에 투입해야 할 시간과 노력을 비생산적인 일에 씀으로써 측정지표를 개선하는 것이다.

여기에, 가난과 마약남용, 가족 해체로 몸살을 앓는 한 동네에서 중학교 교사로 일하는 전직 경찰의 이야기가 또 다른 줄거리를 이룬다. 학생들의 성적이 낮은 이 학교는 학생들의 시험 점수가 오르지 않으면 문을 닫을 위기에 처해 있다. 그래서 교사들은 영어 읽기 및 쓰기 표준 시험이 치러지기 6주 전부터 교장의 지시에 따라 모든 수업 시간을 이 시험 준비에 쏟아붓고 다른 과목들은 아예 무시한다 ("교과과정 조정curriculum alignment"으로 완곡하게 일컫는 전략). 통계치 속이기와 같은 "시험 위주의 수업"은 교육 기관의 변질을 부르는 한 방식으로, 교육 기관이 그 진정한 목적인 교육이 아니라 그 생존권이 달린 측정 목표치를 맞추는 데 노력을 쏟게 만든다.

성과 측정지표가 만들어내는 왜곡 효과는 대서양 건너편에 있는 영국에서도 못지않게 감지된다.[1] 이번에도 관련 직종 종사자가 쓴 TV 시리즈에서 동일한 현상을 다루고 있다. 바로 전직 병원 의사였던 제드 머큐리오가 쓴 〈바디스Bodies〉다. 어느 한 대도시 병원의 산부인과 병동을 중심으로 펼쳐지는 이 드라마의 1화에서는 새로 부임한 선임 외과의사가 복합성 동반질환 환자를 수술하게 되는데, 수술 후 환자가 죽자 라이벌 의사가 다음과 같이 충고한다. "뛰어난 외과의사란 뛰어난 판단력을 이용해 그 뛰어난 능력이 시험에 들지 않도록 피하는 사람일세." 다른 말로 하자면, 성공률을 유지하기 위해 어려운 수술 건은 피하라는 말이다. 자신의 측정 성과에 부정적인 영향을 줄 수 있는 위험한 상황을 회피하는 일명 "고객 선별creaming"의 대표적인 전략이라 할 수 있다. 이 책략의 대가는 수술 실패 위험이 큰 환자들이 수술도 받지 못한 채 죽음으로 내몰릴 수 있다는 것이다.

〈바디스〉는 의학 드라마지만 그 안에서 그려지는 현상들은 실제 세계에도 존재한다. 일례로, 외과의사들의 평가와 보상이 수술 성공률에 따라 이뤄질 경우 일부 의사들이 복잡한 질병이나 중대 질환을 앓는 환자들의 수술을 거부한다는 사실은 수많은 연구에서 밝혀졌다. 수술이 복잡한 환자, 즉 실패 확률이 높은 환자를 배제하면 외과 의사의 수술 성공률이 올라가고, 그에 따라 측정지표와 평판, 보수도 상승한다. 물론 그 대가로 수술에서 배제된 환자들이 목숨을 잃게 되지만, 이 같은 희생은 측정지표에 반영되지 않는다.

앞으로 살펴보겠지만, 측정지표와 관련된 꼼수는 치안, 초등교육, 중등교육 및 고등교육, 의료, 비영리조직, 당연히 영리사업에 이르기까지 모든 영역에서 나타난다. 꼼수는 성과 측정지표를 보상이나 처벌의 기준으로 사용할 때 불가피하게 발생하는 유일한 문제 유형이다. 세상에는 측정 가능한 것이 있고, 측정할 가치가 있는 것이 있다. 하지만 측정할 수 있다고 해서 꼭 측정할 가치가 있는 것은 아니며, 측정되는 항목은 우리가 정말 알고자 하는 것과 무관할 수 있다. 어쩌면 측정 비용이 그 혜택을 훨씬 능가할지도 모른다. 엉뚱한 것을 측정하느라 정작 중요한 것에는 힘을 쏟지 못할 수 있다. 뿐만 아니라 측정은 우리에게 왜곡된 지식, 즉 겉보기에는 믿을 만하지만 실제로는 기만적인 지식을 제공하기도 한다.

우리는 책임성을 측정하고 측정된 성과에 따라 보상을 지급하며, 이러한 측정지표를 "투명성"을 통해 공표하는 것이 미덕이라고 믿는 시대에 살고 있다. 하지만 책임성을 곧 측정지표와 투명성으로 보는 일은 기만적이다. 책임성은 자신의 행동에 대한 책임을 진다는 의미여야 한다. 하지만 교묘한 언어적 속임수로 인해 책임성의 의미는 표준화된 측정을 통해 성과를 입증한다는 것으로 변질되었다. 마치 계산 가능한 것만 중요하다는 식이다. 더불어, "책임성"을 따지려면 성과 측정을 공공연하게, 즉 "투명하게" 해야 한다는 것도 당연한 인식이 되었다.

이처럼, 실효성이 그다지 크지 않은 것이 분명한데도 성과를 측정해 공표하고 보상해야 한다고 여기는 억누를 수 없는 압박감을 측정 강박이라고 한다.

앞으로 보게 되겠지만, 측정은 올바르게 사용하면 이로울 수 있다. 투명성도 마찬가지다. 하지만 이 두 가지는 사실을 왜곡하고 관심을 엉뚱한 곳으로 돌리거나 목적과 수단을 뒤바꾸고 주의를 분산시키며 의욕을 꺾어버릴 수도 있다. 우리가 사는 시대에 측정은 불가피한 것이지만, 동시에 우리는 잘못된 측정, 과도한 측정, 오해를 부르는 측정, 역효과를 낳는 측정의 시대를 살고 있다. 이 책에서 얘기하고자 하는 것은 측정의 폐해가 아니다. 그보다는 표준화된 성과의 측정이 경험에 근거한 개인적인 판단을 대신하게 될 때 의도치 않게 발생할 수 있는 부정적인 결과에 대해 이야기한다. **문제는 측정 자체가 아니라 과도한 측정과 부적절한 측정이다.** 다시 말하면, 측정지표가 아닌, 측정 강박이 문제다.

우리는 조직의 기능을 개선하려면 측정된 성과의 측정지표를 수집한 후 대중에 알려야 한다는 얘기를 종종 듣는다. 그리고 이러한 책임성, 성과 측정지표, 투명성을 그 어느 곳보다 칭송하는 곳이 바로 **의료계**다. 많은 이해관계가 얽혀 있는 분야인 만큼 당연히 그럴 수밖에 없다. 미국 경제에서 보건 부문이 차지하는 비율은 17퍼센트를 초과하며 이는 생명이 걸린 일이기도 하다. 성과의 측정은 그 논리대로라면 분명 비용을 절감하고 생명을 살릴 수 있다.

외과의사들의 치료 성공률이나 특정 병원에 입원한 환자들의 생존율에 대한 표준화된 수집 정보는 유용한 데이터로 여겨진다. 만약 정부 기관이나 민간 보험사가 환자의 생존율을 기준으로 의사나 병원에 대한 보상을 한다면 그러한 측정 행위는 치료를 개선하게 하는 동인이 될 수 있기 때문이다. 또한 의사와 병원의 치료 성공률을 일반에 발표한다면 그 결과인 투명성 덕분에 일반 사람들이 여러 선택지 중에서 실력 있는 의사와 병원을 고를 수 있다. 대체로 측정지표, 책임성, 투명성은 의료계를 괴롭히는 병폐의 치료제가 될 수 있다. 잘못될 일이 뭐가 있겠는가?

안타깝게도 부작용은 적지 않다. 성과 점수를 보상과 처벌의 기준으로 사용하면, 외과의사들은 그러한 철저한 감시 속에 일하는 다른 사람들과 마찬가지로 알짜 환자만 골라 받게 된다. 다시 말해, 위험성이 높은 건들은 피하게 된다. 수술 후 30일을 넘기지 못하는 환자의 비율을 기준으로 병원의 처벌 수위를 결정하면 31일까지 버티다

죽는 환자도 간혹 생겨나고 이러한 사망 건은 병원의 측정지표에 반영되지 않는다.[2] 영국에서는 응급 병동의 대기 시간을 줄이기 위해 보건부에서 대기 시간이 4시간을 넘어가는 병원을 징계하도록 하는 정책을 채택했다. 이 프로그램은 적어도 표면상으로는 성공을 거두었다. 실제로, 이 정책 때문에 일부 병원에서는 환자를 실은 구급차를 줄줄이 병원 문 밖에 세워 두고 정해진 4시간 내에 환자의 입원이 가능하다고 판단될 때까지 기다리게 했다.[3]

의료 부문에서 발생하는 이 같은 문제는 본문에서 더 심도 있게 다룰 것이다. 그런데 주목할 점은 의료계가 겪고 있는 이 문제들이 유치원부터 초중등교육, 대학교육, 치안을 비롯한 기타 공공 서비스, 비즈니스 및 금융, 자선단체에 이르기까지 수많은 조직에서 동일하게 발생한다는 것이다. 이 중 한 분야에라도 몸담고 있는 사람은 조직 내에서 발생하는 이러한 문제들을 어느 정도 경험하게 될 것이다. 또한 사회과학자들이 여러 영역에서 일어나는 문제들을 조사하고 분석했지만, 성과 측정지표와 책임성, 투명성에 따라 의도하지 않게 발생하는 이런 부정적인 결과들이 수많은 조직 전반에서 되풀이되고 있다는 사실은 크게 간과되었다.[4]

통찰이란 것이 대부분 그렇듯, 일단 측정 강박을 인지하고 나면 거의 어디서나 그러한 현상을 발견할 수 있게 된다. TV 드라마에서만 볼 수 있는 것이 아니다.

측정 강박을 나타내는 구호는 우리 주변에 널려 있다. 스캔이 된

책과 기타 출판물 수천 건을 즉각 검색해주는 구글의 엔그램Ngram 은 우리 문화와 사회의 변화를 대략적이지만 설득력 있게 보여주는 초상화다. 매개변수를 연도로 설정하고 용어 또는 구문을 입력하면 1800년부터 현재까지 그 검색어가 발생한 빈도를 나타내는 그래프가 팝업창에 표시된다. "책임성accountability"을 입력하면 그래프가 1965년부터 상향 곡선을 그리다가 1985년 이후로 점점 더 가파르게 상승한다. "측정지표metrics"도 마찬가지로 1985년 무렵에 가파른 상승을 시작한다. "기준점benchmark"과 "성과지표performance indicator"도 동일한 패턴을 따른다.

이 책은 이러한 수단들이 잠재적으로 유용한 도구이긴 하지만 책임성 측정지표의 미덕이 과대평가되었고 종종 그 대가를 제대로 평가하지 못한다고 주장한다. 또한 병인과 진단을 알려줄 뿐만 아니라 어떻게 측정 강박을 피하고 그 고통을 해소할 수 있을지 예후한다.

측정 강박의 가장 두드러진 특성은 경험에 기초한 판단을 표준화된 측정으로 대체하고자 하는 것이다. 판단은 개인적이고 주관적이며 자기 본위적이라는 인식 탓이다. 이와 반대로, 측정지표는 확실하고 객관적인 정보를 알려주는 것으로 여겨진다. 이때 조직은 효율성을 높이기 위해 측정지표가 가장 높거나 기준점 또는 목표를 달성한 사람에게는 보상을 제공하고 뒤처진 사람에게는 징계를 내리는 전략을 쓴다. 이러한 가정에 근거한 정책들이 수십 년째 진행되고 있으며, 엔그램 그래프의 꾸준한 상승 곡선이 말해주듯 그 정책들과 관련된 추정적 사실이 수그러들 기미를 보이지 않는다.

물론, 표준화된 측정을 바탕으로 내린 의사결정이 개인의 경험과 전문지식에 기초한 판단보다 더 뛰어난 경우도 있다. 전문 종사자의 경험이 몹시 제한적이어서 효능을 직관적으로 알 수 없거나 신뢰할 만한 측정수단을 마련하기 어려울 때, 빅 데이터에 기초한 결정은 유용하다. 예를 들어, 희귀병 증상을 발견한 의사는 수많은 사례를 종합해 만든 표준화된 기준을 참고하는 것이 현명하다. 일상적인 조건에서 따라야 할 행동 방식을 나타낸 표준화된 절차, 즉 체크리스트는 항공과 의학 등 다양한 분야에서 그 가치를 인정받았다.[5] 그리고 『머니볼』이란 책에서 자세히 다루고 있듯이, 통계 분석은 분명하게 측정 가능하지만 간과되는 특성들이 때로는 축적된 경험에 근거해 직관적으로 알 수 있는 것 이상으로 의미 있다는 사실을 드러내기도 한다.[6]

그렇다면 이전에 측정되지 않은 것을 측정한 결과는 신중하게 사용하면 실제로 도움이 될 수 있다. 성과를 측정하려는 시도는 뜻하지 않은 위험을 수반하기도 하지만 본질적으로는 바람직하다. 만약 **실제로** 측정되는 항목과 측정으로 알고자 의도한 항목이 서로 일치하고 거기에 판단까지 결합된다면, 측정은 현역 전문가들이 개인과 조직의 자체 성과를 평가하도록 도울 수 있다. 하지만 그러한 측정이 보상과 처벌을 위한 판단 기준이 될 때, 다시 말해 측정지표가 성과급 또는 등급의 기준이 될 때 문제가 발생한다.

성과 측정 제도는 종종 터무니없는 실수나 태만의 사례를 적발함으로써 그 가치를 "증명"하기 때문에 뿌리치기 힘들 만큼 매력적이지만, 모든 사례에 적용되는 것이 문제다. 실제 위법 행위를 찾아내는 데 적절한 도구들이 모든 성과를 측정하는 도구가 되는 것이다. 성과 측정에 관한 초기 연구 결과들에 따르면 성과가 저조한 사람은 실력을 키우거나 시장에서 낙오되어야 한다. 하지만 많은 경우, 표준화된 측정이 확대되면 효용이 감소하거나 심지어 역효과가 나기도 한다. 즉, 측정 의존증을 해결하는 합리적인 길에서 멀어지는 결과가 나온다. 무엇보다도, 측정할 수 없는 것을 측정하고 계량화할 수 없는 것을 계량화하려고 할 때 측정의 역효과가 나타날 수 있다.

권력과 돈, 지위에는 실질적인 이익이 걸려 있다. 측정 강박은 자원이 일선 생산자에게서 관리자, 행정인, 데이터 수집 및 조작 담당자에게 흘러가도록 만든다.

측정지표는 관리자들이 전문가들을 통제하는 도구로 사용될 때, 성과를 측정하고 보상하려는 관리자와 직업 윤리를 중시하는 전문가(의사, 간호사, 경찰, 교사, 교수 등) 사이에 종종 긴장을 일으킨다. 직업 정신은 장기간의 교육과 훈련을 거쳐 습득한 방대한 지식, 일에 대한 자율과 통제력, 소속 직업군과의 동일시 및 동료들에 대한 책임감, 내적 보상에 대한 높은 인지, 그리고 비용보다는 고객의 이익을 위해 헌신하는 마음이 바탕이 된다.[7]

그러한 긴장은 때로는 필요하고 바람직하기도 하다. 직업 정신에서 비용과 기회비용의 문제는 고려되지 않기 때문이다. 말하자면, 전문가는 자원의 한계나 그 대체 용도에 대한 큰 고민 없이 자신이 서비스를 더 많이 제공했을 때 나타나는 이점만을 보려고 한다. 측정지표 애호가들이라면 모를까, 전문가들은 비용에 대한 생각을 좋아하지 않는다. 따라서 이 두 집단이 함께 일하면 갈등과 사기 저하가 뒤따른다.

기득 이권이 달린 문제 때문에 합리적인 측정지표가 측정 강박으로 변질되는 경우도 있지만, 그에 못지않게 측정 이데올로기를 무비판적으로 받아들이는 데에도 원인이 있다. 모든 문화가 그렇듯이, 책임성 측정의 문화 역시 아무 의심 없이 받아들여지는 전용어와 특유의 맹점이 있다.[8] 하지만 오늘날 이러한 문화가 사회 곳곳에 퍼져 있는 까닭에 그 결점이 쉽게 간과되는 듯 보인다.

독자 여러분은 나 같은 역사학자가 측정지표의 횡포에 관한 책을 쓰게 된 연유가 궁금할 것이다. 그 계기는 내가 역사학자로 일하면서 겪은 어려움들이 우리 사회에 만연한 훨씬 더 큰 양상의 축소판임을 알게 됐을 때 찾아왔다. 이처럼 미시적 수준의 불만들이 거시적 관점의 분석으로 이어지면서, 협소한 역사학계를 망치고 있던 문화적 양상이 오늘날 많은 조직의 기능도 뒤틀리게 한다는 사실을 이해하게 되었다.

나는 한 사립대학교의 학과장으로 일하면서 이 주제에 이끌렸다. 이 직책에는 교수진이 학자와 교수로서 발전하도록 지도하기, 새 교수진 임용하기, 필수 강의 개설하기, 대학 행정처의 학생처장 및 직원들과 원만한 관계 유지하기 등 다양한 책무가 따른다. 이러한 책임 외에도 나는 교수로서 강의와 연구, 학계 동향 따라잡기 같은 임무도 수행해야 했고, 이 모든 임무에 대체로 만족했다. 시간을 투자해 교수진을 챙기고 협력하니 그들도 교수와 학자로서 성장하는 모습을 보였다. 우리가 제공하는 강의의 질과 범위에 자부심을 느꼈고, 다른 학과와의 관계도 원만했다. 강의와 연구, 집필을 병행하느라 힘들기는 했지만 만족스러웠다.

그러다 어느 순간 상황이 변하기 시작했다. 여느 단과대학이나 종합대학처럼 우리 대학도 10년마다 중미고등교육위원회Middle States Commission on Higher Education라는 인정 기관의 평가를 받는데, 이 기관이 발행하는 보고서에는 향후 "평가"(고등교육에서 일반적으로 성과 측정 확대를 의미하는 유행어)의 기준에 대한 측정지표를 늘리라는 요구가 담겨 있었다. 얼마 지나지 않아, 나는 쌓여가는 학과 활동 관련 통계 정보에 관한 질의에 답변하는 데 점점 더 많은 시간을 투입하게 되었고, 따라서 연구나 강의, 교수진 멘토링에 쓸 시간이 부족했다. 졸업 전공 성취도를 평가하는 새로운 등급제도 도입되었지만, 기존의 측정 도구인 학점을 능가할 만한 유용한 정보를 제공해주지는 못했다. 나는 교수들이 시간을 너무 많이 뺏기지 않도록 이 작업을 빠르게 해치울 방법을 알아냈는데, 성적 부여 방식을 네 개의 평가 등급으로 바꾼 것이었다. 시간이 흐를수록 대학에는 정보의 수집과 처리를 전담할 데이터 전문가가 더 많이 필요하게 되었다. (심지어 평가를 위해 부총장까지 임명하기까지 했다.) 이 전문가들이 작성하는 보고서 중 일부는 무척 유용했다. 일례로, 각 강의의 평균 학점을 나타내는 스프레드시트 등이 그랬다. 하지만 이런 정보 중 다수는 실제로 쓸모가 없었을 뿐 아니라 읽는 사람도 없었다. 그런데도 일단 성과 문서화의 문화가 인기를 얻자, 학과장들은 일종의 데이터 확장 경쟁에 돌입했다. 내가 활용하던 방식은 1년 단위로 학과 자체 평가를 하는 것이었는데, 해보니 유용한 방법이었다. 하지만 나는 이 평가 보고서를 상부로 올려 보내기 전에 통계 데이터를 다양하게 덧붙여야 한다는 압박을 느꼈는데, 그렇지 않으면 다른 학과의 보고서에 비해 허술해 보일지도 몰랐기 때문이다. 견실한 선임 학자인 한 동료 학과장은 학생처장에게 자과의 교수 충원이 시급함을 알리기 위해 여름 대부분을 할애해 색색의 도표로 장식한 데이터 자료를 한 무더기 만들기도 했다.

이 경험은 충격적이기보다는 짜증스러웠다. 말하자면, 주먹으로 한 대 얻어맞은 게 아니라 바늘에 쿡쿡 찔리는 느낌이었다. 하지만 한편으로는 이런 쓸데없는 일에 시간과 노력을 들이게 만드는 힘이 무엇인지 더 깊게 탐구하고 싶다는 욕심도 생겼다. 데이터는 많을수록 좋다는 인식의 시발점이 된 중미고등교육위원회는 미 교육부의 권한을 위임받아 운영된다. 교육부는 마거릿 스펠링스 교육부 장관의 주도로 고등교육미래위원회Commission on the Future of Higher Education를 소집한 뒤, 책임성 증대와 데이터 수집 확대의 필요성을 강조하고 지역별 인정 기관에 "성과 결과"를 평가의 핵심으로 삼도록 하는 2006년 보고서를 발행했다.[9] 그러한 평가 방식은 처음에는 중미고등교육위원회로 스며든 뒤 우리 대학의 행정처로 침투해 마침내 나에게까지 영향을 미쳤다. 스펠링스 장관은 2001년 낙제학생방지법No Child Left Behind Act이 통과될 당시, 조지 W. 부시 대통령 직속 기관인 국내정책위원회Domestic Policy Council의 의장이었다. 처음에 나는 표준화된 시험에서 받은 학생들의 점수를 토대로 교사와 학교까지 평가하는 이 법을 긍정적 변화로 보았다. 하지만 이윽고 전 교육부 차관보 다이앤 래비치Diane Ravitch 같은 옛 지지자들로부터 혹독한 비판의 소리가 터져 나왔다. 게다가 내가 아는 교사들도 수업하는 것 자체는 참 좋지만 시험 성적을 최대한 끌어올릴 목적으로 교과과정 통제가 심해지니 열정이 쭉쭉 빨리는 것 같다고 말했다.

그러한 의견에 관심이 생긴 나는 나만의 지식 도구를 이용해, 점점 더 많은 조직에 스며들고 있는 성과 측정 및 보상 문화의 광범위한 역사적·문화적 뿌리와 당대에 나타나는 그 징후들을 조사하게 되었다. 내 전문적 관심은 역사학, 경제학, 사회학, 정치학의 경계에 있었다. 오랫동안 "공공 정책"의 역사에 흥미를 느꼈던 나는 애덤 스미스의 공공 정책 분석가적 면모를 다룬 책을 냈고, 공공 정책을 바라보는 보수적 접근법의 역사에 관해서도 썼다. 뿐만 아니라 마이클 오크숏, 프리드리히 하이에크 등 내가 글로 다뤘던 일부 사상가들도 우리 시대에 나타나는 성과 측정에 대한 신격화를 비판적으로 바라보도록 도와주었다. 나는 자본주의, 특히 지식인들이 비즈니스의 사회적·도덕적·정치적 전제조건과 영향을 어떻게 생각하는지에 관심이 많았다. 내가 연구한 현대의 서양 지식인들 사이에서 되풀이된 우려는 비즈니스와 경제학 분야의 개념과 경향이 다른 삶의 영역으로 번져갈 때 잠재적으로 나타날 수 있는 치명적인 파급 효과였다. 이처럼 내가 전문가로서 느낀 개인적인 불만이 뜻밖에도 도움이 되었고, 결국 내 광범위한 관심사에 의존해 연구를 해보도록 자극했다. 이 책의 주요 뼈대를 이루는 정신은 빅토리아 시대의 위대한 문화비평가 매슈 아널드Matthew Arnold, 그리고 사회적 행위에서 비롯되는 예상 밖의 비의도적 결과와 학문이 주는 뜻밖의 재미에 주의하도록 가르쳐준 내 스승 로버트 머튼Robert K. Merton의 사상이다.[10]

이런 문제들을 조사하는 동안, 나는 하버드경영대학원의 사회학자 라케시 쿠라나Rakesh Khurana가 펴낸 『더 높은 목표에서 고용된 일꾼으로: 미국 경영대학원의 사회적 변혁과 전문 직업으로서 경영의 실현되지 않은 약속From Higher Aims to Hired Hands: The Social Transformation of American Business Schools and the Unfulfilled Promise of Management as a Profession』을 읽고 경영대학원 자체의 정신사, 그리고 경영대학원에서 가르치는 내용이 미치는 광범위한 영향에 대해 눈을 뜨게 되었다. 이 같은 통찰은 경영 분야의 변화무쌍한 문화와 이데올로기에 대해 더 폭넓은 조사를 하도록 나를 이끌어주었다. 때때로 모호성을 보이는 경영의 본질은 에이드리언 울드리지Adrian Wooldridge의 저서 제목 『주술사들The Witch Doctors』(제2판의 제목은 무난하게 『경영의 대가들Masters of Management』로 나온다)에 잘 나타나 있다.

나는 더 나아가 경제학, 정치학, 역사학, 인류학, 심리학, 사회학, 공공행정, 조직행동 등 다양한 분야의 광범위한 문헌들을 찾아보았고, 현실에 존재하는 교사와 교수, 의사, 정치인들의 실제 행동에 관한 사회과학적 연구를 광범위하게 활용했다.

다양한 분야에서 이 주제와 관련한 내용을 조사하는 동안, 나는 학문 분야들이 서로 벽으로 높게 가로막혀 있을 뿐 아니라 학술 연구와 현실의 관행 사이에 큰 괴리가 존재함을 알게 되었다. 이를테면, 놀랍게도 인센티브와 동기부여에 관한 최근의 경제학 문헌 중 다수는 심리학자들이 이미 발견한 사실들을 형식화한 것에 지나지 않았다. 그런데 심리학자들이 밝혀낸 사실 중에도, 분별력을 갖춘 경영자들이 이미 오래전부터 알고 있던 내용인 경우가 많았다. 하지만 측정된 성과에 따른 보상제도의 전제와 효과성에 의문을 제기하는 심리학, 경영학 문헌이 무척 많은데도, 이 같은 내용들은 측정 강박의 확산을 멈추는 데 거의 도움이 되지 못했던 듯 보인다.[11]

내가 이 책을 쓴 것은 그 때문이었다. 이 책에서 말하고자 하는 주장 중 완전히 새로운 내용은 거의 없다. 이 책은 여러 저자들이 도출한 연구와 통찰을 종합하는 데 그 바탕을 두고 있다. 내가 이름 붙인 "측정 강박"과 관련된 역기능 중 다수는 이미 교육, 의학, 치안, 영리 기업, 비영리 부문 등 다양한 분야에서 활동하는 학자들이 상세화하고 분석했다. 몇몇 조직행동 연구가들은 꽤 전문적인 입장에서 성공과 역기능의 광범위한 양상을 일부 분석하기도 했다. 다만 교육과 의료 시스템의 운명을 결정하는 정치인부터 기업의 이사, 대학과 비영리기관의 수탁자, (학과장 같은) 일개 노동자에 이르기까지 모두가 사용할 수 있도록 이를 하나로 종합해 가공하는 일은 아무도 한 적이 없었다. 이 책은 그들을 위한 책이다. 더 넓게는, 어째서 오늘날 그토록 많은 조직이 필요 이상으로 제 기능을 다하지 못해 생산성을 떨어뜨리고 직원들에게 좌절감을 주는지 그 이유를 이해하고 싶은 모두를 위한 책이다.

이 논거의 요지는 오늘날 많은 조직에 퍼져 있는 일반적 통념과 부딪치지만, 나는 새로운 내용보다는 추리고 추린 통념을 목표로 삼았다. 다양한 지식 분야뿐만 아니라 다양한 정치 성향을 바탕으로 도출된 내용이기 때문에 이 논거를 기존의 이데올로기적 틀에 묶어버리고 싶은 독자들은 실망할지도 모르겠다. 나는 분야를 가리지 않고 그 근거와 통찰을 활용했다. 그러니 독자 여러분도 열린 마음으로 이 책을 읽어주길 바란다.

1부

논거

왜 측정 강박이 문제인가

최근 몇십 년간 점점 더 많은 조직을 잠식하며 어디서나 볼 수 있게 된 문화 양상이 있다. 이러한 양상을 기호에 따라 문화적 "밈meme(유전자처럼 개체의 기억에 저장되거나 다른 개체의 기억으로 복제될 수 있는 비유전적 문화요소 또는 문화의 전달단위—옮긴이)", "에피스테메épistème(특정한 시대를 지배하는 인식의 무의식적 체계, 혹은 특정한 방식으로 사물들에 질서를 부여하는 무의식적인 기초—옮긴이)", "담론", "패러다임", "자기강화식 수사법 체계"[1], 또는 간단하게 유행이라고 부른다. 이 양상에는 자체적인 어휘와 주요 용어들이 따라온다. 이 양상은 사람들이 세상에 대해 **말하는** 방식, 더 나아가 세계에 대해 **생각하고** 그 안에서 **행동하는** 방식에 영향을 준다.[2] 편의상 이를 측정 강박이라고 부르자.

측정 강박의 주요 전제는 측정과 개선의 관계에 있다. 저명한 19

1. 왜 측정 강박이 문제인가

41

세기 물리학자 켈빈 경(윌리엄 톰슨)이 말한 것으로 (잘못) 알려진 격언이 있는데, "측정할 수 없는 것은 개선할 수 없다"라는 말이다. 1986년에 미국 경영학의 정신적 지도자인 톰 피터스는 "측정은 일의 종결이다"란 모토를 받아들였고, 이는 측정지표의 기본 신념이 되었다.[3] 이윽고 일각에서는 "측정할 수 있는 것은 무엇이든 개선할 수 있다"는 결론이 도출되었다.[4]

측정지표 지지자들은 "책임성accountability"을 주장할 때 이 단어의 두 가지 의미를 암묵적으로 결합한다. 책임성은 책임을 진다는 말이지만, "산출할 수 있다"는 뜻도 된다. 일반적으로 "책임성"의 옹호자들은 조직이 산출을 통해서만 진정한 책임을 질 수 있다고 상정한다. 따라서 성과는 간단히 정리하면 표준화된 측정과 동일시된다. "투명성"을 요구하는 측정지표 지지자들은 정직성이 가능한 한 많은 정보를 숨기지 않고 명백하게 보여주는 것이라고 말한다. 그 결과, 훨씬 더 많은 문서화와 훨씬 더 많은 강령, 훨씬 더 많은 "목표 설정"을 요구하게 된다.[5]

측정 강박의 주요 구성요소는 다음과 같다.

- 표준화된 데이터(측정지표)를 바탕으로 도출한 상대적 성과의 수치 지표가, 개인적인 경험과 재능으로 습득하는 판단을 대체할 수 있고 대체하는 것이 바람직하다는 믿음
- 그러한 측정지표를 대중에 (투명하게) 공개하면 조직의 목적(책임

성)이 실제로 실행되고 있는지 알 수 있다는 믿음

- 그 조직원들에게 동기를 부여하는 최고의 방법은 측정된 성과에 따라 금전(성과급) 또는 평판(순위)상의 보상과 처벌을 하는 것이라는 믿음

측정 강박은 의도하지 않은 부정적인 결과들이 나타나는데도 이러한 믿음을 고집하는 행동이다.[6] 부정적인 결과가 나타나는 이유는 중요한 것이라고 해서 모두 측정할 수 있는 것은 아니고 측정할 수 있는 것 중에는 중요하지 않은 것도 많기 때문이다. (또는 친숙한 격언을 빌리자면, "의미 있다고 해서 모두 산출할 수 있는 것은 아니고 산출할 수 있다고 해서 모두 의미 있는 것은 아니다."[7]) 대부분의 조직은 여러 가지 목적이 있으며, 측정과 보상에 관심이 집중되면 다른 본질적 목표들은 희생되기 마련이다. 비슷한 예로, 많은 직업에는 다양한 면이 있기 때문에 몇 가지 측면만 측정한다면 나머지는 등한시하게 되는 결과가 초래된다.[8] 측정지표에 충실한 조직들은 이 사실을 알아차리고 나면 대체로 성과 측정수단을 더 추가하고, 그 결과 점점 더 쓸모 없어지는 데이터의 홍수가 형성된다. 게다가 그러한 데이터를 수집하는 데 점점 더 많은 시간과 자원이 투입된다.

이 과정에서 일의 본질은 종종 치명적인 방식으로 변질된다. 전문직 사람들은 자신의 직업 정신과 판단에 어긋나는 목표들을 실천해야 할 때 분개하는 경향이 있으며, 따라서 사기 저하가 발생한다. 많

은 사람들이 조직의 기능에 장애를 일으키는 다양한 수단을 동원해 능란하게 성과지표를 조작하게 되는 것은 거의 불가피한 일이다. 데이터를 날조하거나 성과지표를 높여주는 사례만을 다루고, 부정적인 경우는 보고하지 않게 된다. 극단적인 경우에는 증거를 조작하기도 한다.

측정 강박의 흔한 특징은 성과급, 다시 말해 계량화할 수 있는 기준을 달성한 개인 또는 조직에 금전적 인센티브를 제공하는 것이다. 이윤 달성이라는 한 가지 목적을 위해 존재하는 조직에서는 이 방법이 효과가 있을지 모르지만, 심지어 이런 경우에도 별로 효과적이지는 않다. 학교, 대학, 의료업, 병원처럼 직원들이 이상주의적 사명을 지향하는 조직에서는 더더욱 효과성이 떨어지기 마련이다. 보상을 성과 측정과 연계할 때 측정 강박은 꼼수를 불러오게 된다.

성과급의 바탕이 되는 동기부여 이론이 제대로 작동하지 못하기 때문에 종종 기대한 것과 다른 결과가 나타난다. 대표적인 역기능 양상은 1975년 미국과 영국의 두 사회과학자가 각각 독립적으로 밝혀낸 사례를 통해 공식화했다. 미국 사회심리학자 도널드 캠벨의 이름을 따서 "캠벨의 법칙"이라 일컫는 이 패턴은 "사회적 의사결정에 더 많이 활용되는 정량적 사회 지표일수록 부패 압력에 더 많이 시달리고, 이 지표로 감시하려는 사회적 절차 또한 더 쉽게 왜곡되고 부패한다"고 주장한다.[9] 또한 이 패턴의 변형으로, 영국 경제학자의 이름을 딴 굿하트의 법칙은 "통제에 사용되는 모든 측정수단은 신뢰할 수 없다"고 설명한다.[10] 달리 말하면, 측정하고 보상할 수 있는 것은 모두 꼼수의 대상이 된다는 뜻이다. 앞으로 이러한 논지를 다양한 형태로 만나게 될 것이다.

사람들에게 미리 설정된 목표 수치에 맞게 일하도록 강요하면 대부분의 환경에서 가치 있는 자질로 통하는 혁신과 창의성은 억압된다. 뿐만 아니라 거의 불가피하게 장기적 목표보다 단기적 목표에 가치를 두게 된다.

문제를 해결할 수 있는 현실적인 방법이 아예 없는 상황에서는 성과 데이터의 수집과 공개가 미덕 과시의 역할을 한다. 실제적으로 진척된 사항은 없지만, 데이터를 수집하고 공개하려는 노력을 통해 도의상의 진정성을 충족시키는 것이다. 실질적인 일의 진척도 대신, 측정의 진척도가 성공의 모조품이 된다. 이는 학업 "성취도 격차"의 사례에서 확인하게 될 것이다.

별로 효과가 없다는 증거에도 그 효력에 대한 믿음이 살아 있다는 점에서 측정 강박은 숭배의 요소를 갖추고 있다고 할 수 있다. 측정 강박의 무효성을 설명하는 연구들은 무시되거나, 또는 더 많은 데이터와 더 정확한 측정이 필요하다는 주장에 부딪힌다. 측정 강박은 과학을 모방하고자 하지만 너무도 신앙과 닮아 있다.

그렇다고 측정이 쓸모 없다거나 본질적으로 치명적이라고 주장할 생각은 없다. 이 책의 목적 중 하나는 성과 측정지표가 언제 진정으로 유용하고 어떻게 측정 강박의 대표적인 역기능들을 배제한 채 측정지표를 활용할지 설명하는 것이다.

    2장 "되풀이되는 문제점"에서는 성과 측정지표를 활용할 때 가장 빈번하게 나타나는 문제점들을 유형별로 설명한다. 이러한 문제들을 정의하고 이름을 붙이면 나중에 이를 언급하기가 쉬워질 것이다. 그런 뒤 2부에서는 측정 강박의 기원을 살펴보고, 잦은 실패에도 계속되는 측정 강박의 전파와 질긴 생명력에 대해 설명하며, 더 나아가 그러한 결점들의 철학적 근원을 깊이 파고들 것이다. 3부는 유치원 및 초중등교육, 고등교육, 의료, 치안, 군대, 비즈니스, 자선활동, 대외원조 등 다양한 분야에서 나타나는 측정지표를 비롯해 그 성공과 문제점에 대한 최근의 기록을 살펴보는 사례 연구로 구성된다. 이러한 사례 연구는 확정적이기보다는 함축적으로 다루려고 노력했다. 다시 말해, 측정 강박이 각 영역에서 모습을 드러내는 양상을 모두 다루지는 않는다. 그보다는 되풀이되는 문제점과 의도하지 않은 결과들을 구체적인 예와 함께 제시하고, 교훈을 이끌어내어 다른 영역에도 적용할 수 있는 측정지표 활용의 성공 사례들을 보여준다. 그런 뒤에는 일부 영역에서 성과의 적으로 통하는 투명성에 관한 주제로 짧은 여담을 이어간다. 마지막 4부에서는 앞선 분석을 토대로 측정 강박의 의도치 않은 부정적 결과들을 열거하고, 측정 강박에 굴복하는 일 없이 측정 지표를 활용해야 할 시점과 그 방법에 관해 약간의 지침을 제시한다.

되풀이되는 문제점

측정지표를 도입하려는 충동은 실질적인 문제를 해결하겠다는 선의에서부터 시작된다. 그리고 일부 경우 측정지표는 그러한 해결책을 제시하겠다는 약속을 이행하거나 적어도 문제를 해결하는 데 도움이 된다. 하지만 몇십 년간 측정지표의 부정적인 영향을 겪고 난 지금에도 그 역기능은 여전히 더 많은 조직으로 흘러 들어가고 있으므로 우리는 되풀이되는 문제들을 예측할 수 있어야 한다. 다음은 이러한 문제점을 식별하고 기억하도록 도와주는 목록이다. 물론 분석의 목적상 서로를 구분 지을 수도 있겠지만, 실세계에서는 이런 문제들이 중첩되어 나타나는 경우가 많다.

우선 정보 **왜곡**의 문제부터 살펴보자.

가장 측정하기 쉬운 요소 측정하기. 가장 측정하기 쉬운 요소에 초점을 맞춰 문제를 단순화하는 것은 인간의 자연스러운 성향이다.[1] 하지만 측정하기 쉬운 것이 중요한 것인 경우는 드물 뿐 아니라 때로는 전혀 중요하지 않다. 이것이 측정지표의 역기능을 일으키는 첫 번째 근본원인이다.

원하는 결과가 복잡할 때 단순한 것 측정하기. 대부분의 직업에는 여러 가지 책임이 따르며 많은 조직에는 여러 가지 목표가 있다. 단 하나의 책임이나 목표에 측정을 집중하면 종종 기만적인 결과가 나타난다.

결과가 아닌 투입 측정하기. 일반적으로 노력의 **결과**보다는 어떤 프로젝트에 지출된 금액이나 투입된 자원을 측정하는 것이 더 쉽다. 그래서 조직들은 생산하는 것보다 소비하는 것을 측정하거나, 또는 생산물이 아닌 과정을 측정한다.

표준화를 통해 정보의 질 떨어뜨리기. 계량화는 지식을 체계화하고 단순화하기 때문에 매력적이다. 또한 사람들과 조직들을 쉽게 비교하도록 도와주는 수치 정보를 제공한다.[2] 하지만 그러한 단순화는 왜곡을 낳을 수 있다. 사물을 서로 비교 가능하게 만든다는 것은 곧 그 사물들의 맥락과 역사, 의미를 벗어난다는 뜻이기 때문이다.[3] 그 결과, 주의점이나 애매성, 불확실성이 떨어져 나가므로 정보는 실제 사실보다 더 확실하고 권위적인 것처럼 보이게 된다. 하지만 확실한 지식이 드러나게 하는 것은 이를 수치적 형태로 표현하는 것에 지나지 않는다.[4]

캠벨의 법칙과 굿하트의 법칙은 많은 이해관계가 얽혀 있을 때 어쩔 수 없이 시도하게 되는 꼼수 측정에 대한 경고다. 측정지표에 대한 꼼수 행위는 여러 가지 형태를 띤다.

고객 선별을 통한 꼼수. 이러한 행위는 현역 종사자들이 더 쉬운 타깃을 찾거나 문제 해결이 어려운 고객을 기피할 때, 다시 말해 더 쉽게 측정지표 목표를 달성하기 위해 성공을 보장하기 어려운 사례를 거부할 때 일어난다.

기준 하향을 통한 수치 개선. 측정지표 점수를 높이는 한 가지 방법은 점수 기준을 낮추는 것이다. 예를 들어, 고등학교와 단과대학의 졸업률은 통과 기준을 낮추면 높일 수 있다. 또한 항공사들은 비행 예정 시간을 늘리는 방법으로 정시 준수율을 높인다.

데이터의 생략 또는 왜곡을 통한 수치 개선. 이 전략은 불편한 사례를 제외시키거나 측정지표에 사례가 나타나지 않도록 분류하는 방법이다. 경찰은 흉악범죄를 경범죄로 기록하거나 아예 신고를 접수하지 않는 방법으로 범죄율을 "낮출" 수 있다.

편법 행위. 꼼수에서 한 걸음 더 나아간 것이 편법 행위다. 이 현상은 해당 측정지표에 얽힌 이해관계가 클수록 빈도가 높아지는 경향이 있다. 앞으로 살펴보겠지만, 낙제학생방지법에 따라 학생들의 학업 성취도 평가 기준이 높아지자 많은 도시에서 교장과 교사들이 학생들의 시험 답안을 고치는 편법을 썼다.

2부

배경

성과 측정과 성과급의 기원

"책임성", "측정지표", "성과지표"는 문화적 밈이 되었다. 이를 받아들이는 것은 곧 역사적 진보라는 열차에 몸을 싣는 것이며, 정치인과 기관장, 대학총장을 막론하고 이 경쟁에서 뒤처지고 싶은 사람은 아무도 없다. 측정지표가 법정화폐로 통할 때 이를 사용하지 않겠다는 것은 파산을 감수하겠다는 말과 같다. 빚을 갚으라는 선출 관료와 재단 운영자의 압박도 피할 수 없다.

이러한 측정지표의 횡포는 어떻게 생겨났고 왜 발생한 것일까?

성과급의 몇 가지 기원

자유시장 바깥의 조직에 성과급을 도입하면 효율성이 높아질 것이라는 개념을 처음 생각해낸 것은 영국 빅토리아 시대의 정책 결정자들인 것으로 보인다. 1862년, 교육위원회를 감독하던 자유당원 로버트 로우Robert Lowe는 "결과에 따른 지급"을 기초로 한 새로운 학교 재정 지원 방안을 제의했다. 로우는 1856년, 자본주의 역사에 중대한 영향을 끼친 한 법안의 의회 통과를 이끌어낸 인물로 유명하다. 그것은 전해에 통과된 유한책임법Limited Liability Act과 함께, 유한책임 회사를 위한 새로운 규칙을 제시한 합자회사법Joint Stock Companies Act 이었다. 이후 로우의 관심은 기업의 구조를 개혁하는 일에서 정부 지원을 받는 학교들을 개혁하는 일로 옮겨갔다.

로우의 계획은 "공교육을 위한 주 정부의 임무는 (…) 최대 다수가 최대한 높은 읽기, 쓰기, 산수 점수를 획득하도록 하는 것"이라는 전제를 바탕으로 했다.[1] 따라서 학교에 대한 재정 지원의 기준은 학생들의 "읽기, 쓰기, 산수" 점수가 되었다. 매년 각 학교에 장학사가 방문해 학생 한 명 한 명에게 영어와 산수 퀴즈를 냈고, 이때 결석을 하거나 대답을 못 하는 학생이 있으면 그 숫자에 비례해 정부 지원금이 깎이게 되었다. 로우의 개혁에는 비용을 절감하려는 의도도 있었지만, 그보다는 가장 기초적이고 실용적인 역량 기술의 측정 결과를 토대로 학교 재정을 지원하고, 지원금과 성과를 연계함으로써 교육을 시장 중심 원리와 합치시키려는 의도가 더 컸다.[2]

로우의 개혁에 제동을 건 것은 로우가 개혁하고자 한 학교들의 장학사로 일했던 위대한 문화비평가 매슈 아널드였다. 아널드는 시장에 적합한 잣대를 다른 영역으로 확대하는 데 대해 끊임없이 경고했다. 또한 자신의 정치 선배를 공개적으로 공격하는 용감한 면모를 보이기도 했다. "두 번 개정된 규약The Twice-Revised Code"이란 제목의 평론에서 아널드는 '규약에 내포된 교육'이라는 편협하고 기계적인 신념을 비판했다. 뛰어난 읽기 기술은 제한적인 읽기 수업보다는 더 일반적인 지식 함양을 통해 개발되며, 이러한 지식 함양은 가족, 또는 여의치 않을 경우 글을 읽고자 하는 심리적 욕구를 유발하는 학교 환경을 통해 이루어진다고 그는 지적했다. 따라서 학교의 목표는 "일반적인 지식 함양"이어야 하며, 이런 과정 없이 읽기와 쓰기 능력은 개발되지 않을 것이다.[3] 아널드는 정부가 "하층 계급의 강한 자립 욕구"에 부응하기보다는 교육의 가장 기초적인 부분만을 지원하려고 한다고 한탄했다.[4] 또한 연례 시험 때 출석을 하지 않거나 시험 자체를 통과하지 못하는 빈곤층 학생들이 많을 것이므로 앞선 개혁을 그대로 시행할 경우 빈곤 학생에 대한 학교의 지원금이 감소하게 될 것이라고 예측했다. 뿐만 아니라 국민의 교육은 "어떤 대가를 치르든 경제 우호자들의" 제물이 될 것이라고 결론지었다.[5]

아널드가 시찰을 나간 학교의 학생들은 산더미 같은 지식과 연산 능력을 소화하지만 대신 분석 능력이 부족하고 복잡한 산문이나 시를 전혀 이해하지 못했다. 학생들은 추론보다는 주입식 교육을 받았다.[6] "성과급"이 채택되기 전은 물론이고 그 후에도 그는 다음과 같은 이유로 그러한 교육을 비판했다. "이런 교육에는 성격 형성이나 인성 계발 기능이 전혀 없다. 담당 행정인들은 이를 가치 있는 **결과**로 언급하지만 실제로는 한낱 기계 장치에 지나지 않는다."[7] 교육을 읽기, 쓰기, 산술의 측정 가능한 결과물에 맞춰 조정할 수 있고 측정 가능한 산출을 토대로 보상할 수 있는 기계 장치로 보는 이 개념은 이후 몇십 년간 일진일퇴를 계속하다가 20세기 말에 절정에 이르렀다.

그 흥망성쇠를 단계별로 살펴보는 동안 우리는 보상과 표준화된 측정을 연계할 때 발생하는 막대한 비용에 대해 지적한 아널드 같은 비평가들을 만나게 될 것이다.

| 성과 측정: 테일러주의 |

1910년대에 시작되어 몇십 년 동안 미국 교육 전반을 뒤흔든 학교 효율화 운동에서도 측정 강박의 흔적들을 찾아볼 수 있다. 1911년, 와튼경영대학원의 영향력 있는 경제학 교수인 사이먼 패튼Simon Patten은 학교들이 "즉각적인 확인 및 측정"이 가능한 결과를 보여줌으로써 사회에 대한 기여를 증명해야 한다고 주장했다.[8] 다른 예비 개혁가들은 미국 엔지니어 프레더릭 윈즐로 테일러Frederick Winslow Taylor가 시작한 산업 효율화 운동의 결실을 학교 시스템에 도입하고자 했다. 1911년에 "과학적 관리법"이란 용어를 만들어낸[9] 테일러는 공장의 선철 생산량을 분석하기 위해 (시간 동작 연구를 통해) 그 과정

을 구성 요소별로 세분하고 각 작업의 표준 생산 수준을 정했다. 규정된 시간보다 업무를 늦게 끝내는 작업자들은 생산 단위당 더 낮은 요율로 임금을 받았고, 기대치를 맞춘 작업자들은 더 높은 요율로 보상을 받았다. 테일러는 작업장을 감시하고 통제하기 위한 정교한 시스템 또한 지지했다.[10] 그의 목표는 작업 현장의 표준화와 작업 속도의 개선으로 효율성을 높여 대량 생산을 하는 것이었다.

테일러와 그 신봉자들이 다음 세대에 남긴 유산은 바로 작업의 전문화와 표준화, 모든 활동의 기록과 보고, 금전적인 당근과 채찍이었다.

테일러주의의 근간은 노동자들의 암묵적 지식을 관리자들이 개발, 계획, 감시 및 통제하는 대량 생산 방법으로 대체하는 것이다. 그는 다음과 같이 썼다. "과학적 관리법 하에서는 관리자들이 예전에는 노동자들이 처리하던 전통 지식을 모두 통합한 뒤 이 지식을 분류하고 표로 만들어 규칙이나 법칙, 공식으로 환원하는 책임을 떠맡는다. (…) 따라서 기존 시스템에서 노동자들이 수행하던 모든 계획은 새 시스템에서 필연적으로 경영진이 과학의 법칙에 따라 수행해야 한다."[11] 테일러에 따르면 "방법의 표준화 **강화**, 최선의 도구 및 노동 조건의 채택 **강화**, 협력 **강화**를 통해서만 이처럼 빠른 작업을 장담할 수 있다. 또한 표준 채택을 강화하고 이런 협력을 강화하는 일은 오롯이 **경영진**의 책임이다."(원문에서도 이탤릭체로 강조했다).[12]

표준화와 감시를 통해 효율성을 극대화해야 한다는 테일러주의의 주제는 1916년 스탠퍼드 교육대 학장인 엘우드 커벌리Ellwood P. Cubberley가 출판한 영향력 있는 교재 『공립학교 행정Public School Administration』에 반영되었다.[13] 학생들의 시험 점수를 바탕으로 교사를 평가한다는 개념은 그 이후 수십 년간 퍼져 나갔다. 교육 연구원인 윌리엄 랜설럿William Lancelot은 학년 초와 말에 각각 수학 시험을 치러 "학생 변화도" 점수를 내는 방법으로 교사가 학생들의 학습에 미치는 기여도를 밝히고자 했다. 교사마다 수업의 효과가 차이 나기도 했지만, 좋은 교사 밑에서 공부한 학생들이 얻은 학습 효과는 아주 미미했다.[14] 이 같은 개념은 20세기 초에 "부가 가치 점수"라는 이름으로, 이후 오바마 정권 시절에는 "학생 성장"이라는 이름으로 되살아나게 되었다.[15]

공장 생산을 체계화하는 테일러주의 방식은 1차 세계 대전과 2차 세계 대전 사이에 다양한 제조업 분야에서 점점 더 많이 채택되었고, 1950년대에는 제너럴 모터스 같은 회사의 규범이 되었다. 사회학자 대니얼 벨Daniel Bell의 지적처럼 이런 회사에서는 "생산을 체계화하고 감독하는 상부의 경영진이 (…) 대리점에서 모든 두뇌 노동의 요소를 떼어놓는다. 모든 일의 중심에는 기획, 일정, 설계 부서가 있다." 그 결과, 계층 밑바닥을 차지하는 노동자들에게는 일과가 더욱 지루해졌다.[16] 20세기 말에 측정지표의 등장으로 이러한 체계화 방식은 제조업을 벗어나 서비스 부문에까지 도입되게 되었다.

테일러주의를 발전시킨 것은 엔지니어들이지만, 표준화된 측정
법으로서 책임성의 문화에 기여한 사람들 중에는 회계전문직도 있
었다. 그 주인공은 24살의 나이에 하버드경영대학원 최연소 교수가
된 회계사 로버트 맥나마라Robert McNamara로, 그는 미국 최대 조직인
미육군에 측정지표의 메시지를 전파했다.

맥나마라가 경영대학 교수에서 포드 자동차 간부와 국방부 장관
을 거쳐 마침내 세계은행 총재로 출세한 몇십 년 동안, 미국 경영대
학원들의 개혁도 진행되었다. 초창기의 경영대학원들은 특히 산업
과 기업의 일자리에 맞게 학생들을 준비시키는 데 집중했다. 1950
년대부터 경영대학원의 궁극적인 목적은 특정 산업과 관계없이 일
련의 기술을 갖춘 일반 관리자들을 배출하는 것이었다.

이제 경영 전문기술의 핵심은 계량적 방법론의 숙달에 초점을 맞
춘 일련의 독특한 기술과 기법으로 정의되었다.[17] 숫자는 객관성과
정확성을 내포한다고 여겨졌기 때문에 숫자에 기초한 결정은 과학
적인 것으로 보였다.[18] 이 새로운 지혜를 설파한 경영 이론가와 권위
자들은 한때 영국 낭만파 시인 퍼시 셸리가 "세상의 공인받지 못한
입법자"인 시인들의 자리라 여겼던 집무실까지 높이 올라갔다.[19]

그 전에는 "전문지식"이 경력을 쌓으며 모이는 특정 분야의 지식
을 의미했다. 사람들은 동일한 조직이나 비즈니스의 최하층에서 최

고층까지 이동하며 경제학자들이 소위 말하는 "업무 노하우"를 축적했기 때문이다. 자동차 분야 간부들은 자동차 업계에서 경력의 대부분을 보낸 일명 "자동차맨들"이었다. 하지만 이들의 자리는 비용과 이윤율을 계산하는 데 능숙한, 맥나마라 같은 "숫자쟁이"들로 점점 대체되었다.[20]

경영을 학문으로 바꿔 장래의 미국 재계 간부들을 키워 내려던 이러한 시도는 어느새 관리주의 신조로 탈바꿈했고, 경험과 깊은 배경지식을 바탕으로 하는 판단의 역할은 경시되었다. 관리주의는 사기업이든, 정부 기관이든, 대학이든 조직 간의 차이점은 유사점보다 덜 중요하다는 것을 전제로 한다. 따라서 모든 조직은 동일한 경영기법과 기술도구를 사용해 성과를 최적화할 수 있다.[21] 경험에 기초한 판단과 전문기술은 업무 노하우를 축적해 조직에 번영을 가져다주는 윤활유 역할을 할 수 있다. 하지만 측정지표의 마법 앞에서 관리주의는 이 모든 이점을 업신까진 아니더라도 그냥 무시해버리는 경향이 있다.

베트남전을 관장하는 국방부 장관이었던 맥나마라는 미국의 전승 상황을 판단하는 신뢰할 만한 척도로서 "적의 전사자 수"라는 측정지표를 내세웠다. 하지만 전장에 나가 있는 장군 중에는 사망자 수를 성공의 유효한 측정수단으로 여기는 사람이 거의 없었으며, 많은 이들이 그 숫자가 과장되거나 완전한 조작임을 알았다.[22] 그 결과는 《이코노미스트》의 데이터 편집자 케네스 쿠키어Kenneth

Cukier와 옥스퍼드대학교 교수인 빅토어 마이어 쇤베르거Viktor Mayer-Schönberger의 날카로운 지적처럼, "계량화의 수렁"이었다.[23]

맥나마라의 국방부를 나타내는 특징은 군사전략가 에드워드 루트왁Edward Luttwak의 말처럼 "전문적인 군사 지식을 민간의 수학적 분석으로 대대적인 대체를 한 것이었다. 이때 새롭게 등장한 '시스템 분석가들'은 지적 훈련의 새로운 표준과 크게 개선된 부기 방식만 도입한 것이 아니라 군사력의 가장 중요한 측면들, 다시 말해 측정이 불가능한 단면들을 이해하지 못하는 훈련된 무능도 초래했다.[24] 각 군대는 측정이 가능한 "생산량"을 극대화하고자 노력했다. 공군은 폭격 출격 횟수를, 포병대는 포탄 발사 횟수를, 보병대는 사망자 수를 활용했고, 이는 맥나마라와 국방부 동료들이 개발한 통계적 지수를 반영했다. 하지만 루트왁이 지적한 것처럼, "지도에 승패를 보여주는 명확한 선이 없는, 전선 없는 전쟁에서 진전을 나타내는 유일한 측정수단은 정치적이고 계량화할 수 없는 것이다. 이를테면 적군의 결사 의지에 미치는 효과가 그렇다."[25]

미국 군사체제에 대한 루트왁의 1984년 평론에서는 미국의 군사 지도부와 문민 지도부가 모두 경영자 정신에 물들어, 군대에 필요한 일종의 전략적 사고와 상충하는 측정 가능한 "효율성"을 추구하게 되었다는 사실을 집중 조명했다. "공무원들 중 다수는 자신이 전략, 작전 기술, 전술에 무지하다는 데 관심이 없으며, 스스로가 내용에 상관없이 모든 것을 관리할 수 있는 관리자라고 소개한다. 이들의 지도 하에서 군사체제는 비즈니스 효율성의 추구를 그 지상 목표로 받아들인 지 오래다." 스스로 경영상의 전망을 흡수하며 경영, 관리, 경제 부문 학위를 따려고 노력하는 군 장교들도 늘고 있는 추세였다. 이 같은 현상은 루트왁이 칭한 "유물론적 편향"으로 이어졌는데, 이 개념은 전략, 리더십, 집단 응집력, 군인의 사기처럼 만질 수 없는 인적 요인이 아니라 (화력처럼) 만질 수 있는 투입과 산출을 측정하는 데 목표를 두었다.[26] 정확한 측정이 가능한 것은 정말로 중요한 것을 무색하게 만들기 마련이었다. "물리적인 투입은 엄연한 사실 또는 달러와 센트로 정확하게 설명되는 비용인 반면, 형체가 없는 것들은 정의하는 것조차 어렵고 대개는 아예 측정이 불가능하다."[27]

루트왁의 설명이 전적으로 옳든 그렇지 않든, 그가 미국 군사체제에 대해 비판한 내용 중 많은 부분은 미국을 비롯한 국가들의 수많은 기관으로 막 옮겨가던 참이었다.

측정 강박의 전파에 기여한 한 가지 동인은 계량적 분석이라는 경영 기술을 갖춘 경영 컨설턴트의 부상이었다. 이들은 "측정할 수 없는 것은 관리할 수 없다"를 제1금언으로 삼았다.[28] 숫자와 계량적 조작에 대한 의존은 "확실한" 증거에 근거한 과학적 전문지식이라는 인식을 심어주었을 뿐만 아니라 특정 조직에 대한 특수한 상세 지식을 불필요하게 만들었다.[29] 경영의 문화에서 요구되는 것은 더 많은 데이터, 즉 표준화된 수치 데이터였다.

성과지표의 배신

측정지표가 인기를 끄는 이유 04

앞으로 다양한 사례 연구를 통해 살펴보고 마지막 장에서도 심도 있게 다루겠지만, 측정지표가 여러 가지 형태를 띠며 잘 기능하는 환경도 존재한다. 하지만 측정 책임성이 제대로 기능하지 않거나 그 비용이 편익을 넘어서는 경우도 많다. 그렇다면 측정, 책임성, 투명성의 문화가 갖는 효용성과 그 편재성의 간극을 어떻게 설명해야 할까? 문제점이 많음에도 불구하고 측정지표가 그토록 인기를 끄는 이유는 무엇일까?

단 하나의 원인으로 규정하기도 어렵고 확실한 증거도 없지만, 많은 정보에 입각해 몇 가지 이유를 추려보았다.

| 판단에 대한 불신 |

신뢰가 줄어들수록 측정된 책임성과 투명성에 대한 요구는 커진다. 사회적 유동성이 높고 인종적 이질성이 큰 민주주의 사회와, 측정된 책임성의 문화 사이에는 선택적 유사성이 있다. 상류층이 세대를 망라해 확고하게 자리잡은 사회에서는 그 계층의 구성원들이 자신의 위치에 안정감을 느끼고 서로를 신뢰하며 가정 환경에서 통치 방법에 대한 암묵적 지식을 어느 정도 습득하기 때문에 자신의 판단에 (정당한 자신감이든 그렇지 않든) 큰 자신감을 가질 가능성이 높다.[1] 이와 대조적으로, 엘리트층이 외부에 열려 있고 변동성이 큰 능력 중시 사회에서는 높은 자리에 오른 사람들이 자신의 판단에 확신을 가질 가능성이 낮기 때문에 객관적으로 보이는 의사결정 기준을 찾으려고 한다. 그리고 숫자는 객관성의 요소가 짙은 데다 주관적 판단을 배제한다는 느낌을 준다.[2] 숫자는 "확실한 것"이기 때문에 자신의 판단에 의심을 품는 사람들에게는 안전책이라 할 수 있다.

또한 수치적 측정지표는 (그 기원과 타당성을 면밀하게 분석하지 않더라도) 투명성과 객관성의 느낌을 준다. 무엇보다 좋은 점은 누구나 보면 즉시 이해하는 것처럼 보인다는 것이다. 케임브리지대학교 인문학 교수인 스테판 콜리니Stefan Collini가 말한 것처럼, "현대 자유민주주의의 공개 토론회는 기계적으로 일반화할 수 없는 절차들에 대한 불신에 공리주의 가치를 결합하기에 이르렀다."[3]

책임성을 나타내는 수치적 측정지표의 추구는 사회적 신뢰도가 낮은 문화일수록 특히 매력적으로 다가온다. 그리고 권위에 대한 불신은 1960년대 이후 미국 문화의 라이트모티프leitmotif(악극이나 표제 음악에서, 주요 인물이나 사물 또는 특정한 감정 따위를 상징하는 동기 — 옮긴이)였다. 따라서 정치와 행정을 비롯한 많은 분야에서 숫자가 가치 있게 여겨지는 것은 엄밀히 말해서 숫자가 권력자들의 주관적이고 노련한 판단에 대한 의존을 대체하기 때문이다. 책임성 측정지표의 추구는 정치적 좌파와 우파에게 모두 마력을 발휘한다. 이 측정지표는 포퓰리즘 평등주의의 관점에서 계층과 전문지식, 배경에 근거한 권위에 의심을 품는 것과 밀접한 유사성이 있다.

구글 엔그램에서도 확인할 수 있는, 높은 "책임성"에 대한 요구는 1960년대부터 미국 사회(를 비롯한 서구 사회)의 특징으로 자리잡은, 기관에 대한 커져가는 불신과 전문지식에 근거한 권위에 대한 반감이 자양분이 되었다. 조지 버나드 쇼는 『의사의 딜레마』라는 희곡에서 "모든 전문직은 평신도에 대한 음모다"라고 썼다. 버나드 쇼가 쓴 이 기구적 대사는 1970년대를 시작으로 점점 더 공공 정책의 핵심 전제가 되었다. 우파와 좌파는 늘 같은 이유는 아니었지만 측정지표를 염두에 두었다.

권위에 대한 의심은 1960년대 이후 좌파 정치의 본질이 되었다. 즉, 전문가의 판단에 의존하는 것은 기성 엘리트층의 편견에 굴복하는 것이었다. 따라서 좌파에게는 성과 측정이라는 객관적이고 과학적인 표준을 이용해 기관들을 책임 있고 투명하게 운영하자는 의제를 제시할 이유들이 있었다.

우파의 입장에서는 공공 기관들이 클라이언트나 유권자보다 직원의 복리 후생에 더 신경 쓴다는 의심을 품고 있었고 이런 의심은 때로는 근거가 충분했다. 일부 학교와 경찰서, 기타 정부 기관에서는 혹평가들이 주장하는 것만큼 팽배하거나 보편적인 것은 아니었지만 실제로 적당주의가 존재했다. 책임성 측정의 문화는 견고한 장로 정부gerontocracy의 옥죄기를 끊어내려는 당연한 시도였다. 기관의 기득권층은 포퓰리즘의 공격 대상이 되자, 그 역시 기관의 효율성을 보여주기 위해 측정지표를 방어 수단으로 이용했다.

사회적 신뢰의 부족이 측정지표의 신격화를 낳고, 측정지표에 대한 신뢰가 판단에 대한 의존 감소를 초래하는 악순환이다. 필립 하워드Philip K. Howard는 몇 권의 책을 통해 신뢰의 감소는 새로운 사고방식, 즉 "공적 결정에서 인간의 선택을 방지하는 것은 그저 이론이 아니라 (…) 일종의 신학이다. (…) 인간의 선택은 무척 위험한 것으로 여겨진다"는 생각으로 이어진다고 주장했다. 따라서 "공무원들은 더 이상 최선의 판단에 따라 행동하는 것이 허락되지 않으며"[4] 특정 상황에서 무엇이 필요한지 판단하는 재량을 발휘할 수도 없다.[5] 그 결과물은 과잉규제, 즉 조직 **내** 규칙 확대와 더없이 팽팽한 규칙망이다.[6] 그리고 많은 경우, 그 규칙망을 팽팽하게 만드는 도구는 측정지표다. 잘못된 측정이 잘못된 규제의 한 형태인 것처럼, 과잉 측

성과지표의 배신

정은 과잉 규제의 한 형태다.

성과 측정의 또 다른 동기는 미국의 불법행위법에서 법적 책임이 확대된 결과로 나타난, 소송에 대한 두려움이다. 20세기를 거치는 동안 의사와 병원, 제조사, 지방자치당국에 대한 소송을 가로막던 초기의 정책상 장벽이 붕괴되었다. 더 나아가 시민권과 환경법이 확대되면서 소송이 활성화되었다.[7] 고용 부문에서는 시민권법이 정부 기관은 물론 사기업에도 기록 보존과 관료적 형식주의라는 새로운 부담을 지운다.[8] 그 결과, 변호사 비용에 쓰이는 돈이 점점 더 늘어난다. 게다가 미국은 소송을 좋아하는 나라라는 **인식**[9] 때문에 고소를 당할지 모른다는 불안이 형성되고, 이는 방어적인 태도와 위험 회피로 이어진다. 고용과 승진 결정을 규제기관에 투명하게 공개하거나 소송 시 사용할 수 있도록 최대한 객관적인 방식으로 모든 결정을 문서화해야 한다는 압박은 성과를 측정하는 또 다른 동기가 된다.

전문직에 대한 비판, 그리고 선택의 신격화

우파 정치에서 공공 부문 기관에 대한 불신은 한 가지 상투적인 신념으로 이어졌는데, 비영리 부문(정부, 학교, 대학)의 문제점은 "최종 결산 결과가 없기" 때문에 성공 여부를 설명할 방법이 없는 것이라는 신념이었다. 이런 사고 방식에 대응하는 방법은 표준화된 절차라는 "객관적인"(되도록 숫자로 이루어진) 측정수단의 형태로 최종 결산 결과의 대체품을 만드는 것이다.

이와 유사한 동향으로는 여성 건강 옹호 운동, 그리고 나중에는 (병원 같은) 기성 기관들에 도전장을 내밀고 이 기관들이 더욱 즉각적으로 대응하도록 만들고자 했던 운동이 있었다. 그 목적은 환자들에게 치료에 대한 더 큰 통제권을 주는 것이었다. 여기에는 환자들에게 의료 제공자에 대한 선택의 폭을 넓혀주고 어떤 선택권이 있는지 알려주기 위해 (성과 측정지표를 비롯한) 더 많은 정보를 제공하는 일이 수반되었다. 권한 부여로 가는 도로는 측정지표로 포장鋪裝되었다.

여러 분야에서 연달아 책임성이라는 이름으로 측정 확대가 도입되자, "과학"에 입각해 이루어져야 할 전문직 활동의 변용, 이전에는 간과되거나 정식 기록되지 않았던 성과의 공백 등 실질적인 문제들이 드러났다. 이런 뜻밖의 사실들이 밝혀지면서 전문가의 판단에 대한 신뢰가 약화되었고 해결책을 찾아야 한다는 압박감이 생겨났다. 이런 해결책은 직업 정신이 의심스러운 전문가들을 감시하기 위해 더 많은 측정을 수반하는 것으로 여겨졌다.

이러한 동향들은 소비자 선택 이데올로기의 영향력 확대와 밀접한 관련이 있었다. 이 이데올로기는 정보가 제공된다면 의료나 교육, 은퇴 계획에서 올바른 선택을 하게 될 것이라는 신념이었다. 실제로 최고의 서비스 제공자를 가장 잘 결정하는 것은 개인인 경우가 종종 있다. 하지만 항상 그런 것은 아니며, 일부 영역에서는 특히 선택이 쉽지 않다. 예를 들어, 의료 분야에서는 환자가 건강하고 의료 문제로 고생하고 싶지 않을 때, 아니면 몸이 아파서 제대로 된 결정을 하지 못할까봐 걱정될 때(이 때문에 복잡하고 종종 모순되는 측정지표를 처리하는 능력이 약화된다) 의사나 병원에 관한 선택을 내린다. 하지만 1990년대 무렵에는 환자에 대한 권한 부여가 비용을 절감하거나 치료의 질을 개선하는 데 아무 도움도 되지 않는다는 여러 연구에도 불구하고, 의료 서비스 시장에서 소비자로서의 환자 모델이 좌파와 우파 정치인 및 정책 결정자들 사이에서 점점 더 큰 인기를 끌었다.[10]

| 비용병 |

의료와 교육 분야에서 책임성을 부추긴 또 다른 요인은 의료 및 교육 서비스의 상대적 비용이 다른 소비재의 비용보다 많이 올랐다는 사실이었다. 그 원인은 1966년에 경제학자 윌리엄 보멀William Baumol과 윌리엄 보언William Bowen이 처음으로 입증한 "비용병cost disease"이란 현상에서 일부분 찾을 수 있다. 두 학자의 주장에 따르면 과거 몇백 년 동안 제조업의 생산성이 꾸준히 증가한 것은 대체로 기술 향상의 결과였다.[11] 기술 개발과 국제 무역의 증대로 대다수

소비재의 비용이 꾸준히 감소했고, 이에 따라 상대적으로 높은 의료와 교육, 기타 인적 서비스의 비용이 더욱 두드러지면서 대중의 불만이 점차 그곳으로 집중되었다. 수년간 이러한 동향은 효율성 제고와 책임성 확대에 대한 대중의 압박으로 이어졌다. 이런 분야에서는 투입과 산출, 그리고 생산성을 측정하는 일이 어렵다는 것도 무시되었다.[12] 거기에다, 의료 기술이 향상되고 조제약의 치료 효과가 개선되면서 그 값어치가 정당하게 비용에 추가되었다. 사람들이 더 오래 살거나, 인생을 즐기면서 병원에서 보내는 시간을 줄일 수 있다면 비용이 늘어나도 그만한 가치가 있기 때문이다.

| 조직의 복잡성을 감당해야 하는 리더십 |

계량화할 수 있는 측정에 대한 요구에는 다른 경제적 요인 또한 작용한다. 조직(회사, 대학, 정보기관)이 몸집을 키우고 다각화됨에 따라 최고 경영층과, 조직의 실질적인 업무를 수행하는 위계 사슬의 하부 직원들 간의 간격은 점점 더 벌어지게 된다. 특히, 조직이 크고 복잡하고 구성 단위 간 차이가 크면 그야말로 이해하기가 불가능하다. 조직 꼭대기에 있는 사람들은 우리 모두가 당면하는 인지적 제약을 일반 사람들보다 훨씬 더 크게 대면한다. 다시 말해, 과다한 정보를 처리할 시간과 능력이 부족한 상황에서도 결정을 내려야 한다.

성과지표의 배신

측정지표는 이러한 "제한된 합리성"을 처리하고 자신의 이해를 넘어서는 문제에 대처할 수 있는 매력적인 수단이다.

예를 들어, 여러분이 큰 규모의 대학교나 기업 또는 내각의 장이 되었다고 상상해보자. 물론 여러분은 경험이 풍부한 부하 직원들의 정통한 의견에도 귀를 기울일 것이다. 하지만 직원들은 기본적으로 현상 유지에만 관심이 있는 것 같다. 고인이 된 시인이자 역사가인 로버트 콘퀘스트Robert Conquest의 금언을 되새겨보자. "누구나 자신이 가장 잘 아는 일에는 보수적이다." 이때 여러분이 조직의 리더로서 조직에 역동성 또는 변화의 바람을 불어넣고 싶다면 어떨까? (이는 "업적을 남기고" 싶은 각료나 대학 총장, CEO들이 처음 부임해서 빠지게 되는 전형적인 유혹이다.) 이때 "숫자"를 찾는 것은 조직을 이해하는 가장 빠른 지름길처럼 보인다.

문제점이 있다면 경영진이 복잡한 조직을 이해하려고 하면 이브 모리외Yves Morieux와 피터 톨먼Peter Tollman이 이름 붙인 "복잡성"이 초래된다는 것이다. 다시 말해, 보고와 의사 결정의 절차가 확대면서 점점 더 많은 조정 기구, 회의, 보고서 작성이 필요하게 된다. 보고와 회의, 조정에 많은 시간을 투입하느라 정작 **실무**에 쓸 시간은 부족해진다.[13]

이런 시간과 노력의 낭비는 측정 강박에 매료된 경영진이 부하 직원들의 노련한 판단을 불신함에 따라 더욱 악화된다. 경영진은 다양한 전략을 통해 어떻게든 부하 직원들을 통제하려고 하며, 측정지표는 이러한 전략의 핵심 요소다. 끝없는 보고서와 표준화된 데이터에 대한 요구는 의도했든, 의도하지 않았든 하부 직원들의 자율성을 약화시키는 효과가 있다. 측정지표 기반의 혁신에 대해 이 직원들이 품는 의심은 비이성적인, 또는 자기 본위의 "변화에 대한 저항"으로 묵살된다.

거기에다 미국의 일부 관료체제(기업, 정부, 비영리기관)가 갖는 문화적 특이성, 즉 각각의 개인은 조직 안이든 조직 간이든 지위 상승의 사다리를 오르내릴 수 있고 그렇게 해야 한다는 인식도 한몫한다. 이는 부하 직원들이 수행하는 일의 의미와 질적 중요성에 대해 의미 있는 평가를 내릴 수 있게 해주는 깊은 전문지식을 개발하는 데 방해가 된다. 따라서 측정 가능한 정량적 기준에 의지하려는 유혹은 더욱 커진다.

오늘날 CEO와 대학 총장, 정부 기관장들은 과거 어느 때보다 더 조직 간 이동을 많이 한다. 요상한 평등주의의 연금술은 뛰어난 사람은 조직 안보다 **밖에** 있다고, 다시 말해 조직 안에는 승진할 만큼 뛰어난 사람이 아무도 없지만 외부에는 걸출한 실력자가 있을 것이라는 생각을 심어준다.[14] 이러한 가정은 최고 책임자, 경영진, 관리자들의 이직으로 이어진다. 이들은 자신이 몸담을 조직에 대한 실질적인 지식이 제한된 상태에서 새로운 직위를 받아들이기 때문에, 어느 조직이나 비슷한 모습일 측정지표(일명 "모범 사례")에 더욱 의존하게 될 것이다. 이렇게 인사이더의 탈을 쓴 아웃사이더들은 경험에

성과지표의 배신

서 오는 깊은 배경 지식이 부족하기 때문에 표준화된 측정의 방식에 더 매달리게 된다. 뿐만 아니라 궁극적으로 더 좋은 직장으로 이직할 기회를 노리는 유동적인 관리자들은 헤드헌터의 연락이 왔을 때 효과적으로 사용할 수 있도록 성과 측정지표를 찾는 데 집중한다.

| IT의 덫 |

또 한 가지 요인은 정보기술IT의 전파다. 1980년대 초에 전자 스프레드시트의 발명과 급속한 채택, 그리고 그에 따라 용이해진 수치의 도표화와 조작은 다방면에 걸쳐 큰 영향을 미쳤다. 이 현상을 미리 내다본 분석가 스티븐 레비Steven Levy는 1984년에 다음과 같이 썼다.

스프레드시트는 도구이지만 세계관이기도 하다. 다시 말하면, 숫자로 본 현실이다. (…) 스프레드시트로 할 수 있는 중요한 일이 너무도 많기 때문에 이를 이용하는 사람들은 자신이 컴퓨터에 만들어내는 가상의 비즈니스가 말 그대로 가상이라는 중대한 사실을 망각하는 경향이 있다. 컴퓨터 안에서는 비즈니스를 복제할 수 없으며 그저 비즈니스의 여러 측면을 구현할 수 있을 뿐이다. 그리고 숫자는 스프레드시트가 지닌 강점이기 때문에 여기서 강조되는 측면은 숫자로 쉽게 구현되는 것들이다. 실체가 없는 요소들은 계량화하기가 그렇게 쉽지 않

다. [15]

현 세대의 가장 성공한 가치 투자가 중 한 명인 세스 클라먼Seth Klarman은 1991년에 스프레드시트가 심층 분석이라는 환상을 만들어냈다고 경고했다. [16]

그 이후 데이터 수집 기회가 늘어나고 그 수집 비용이 감소함에 따라 데이터가 곧 해답이라는 밈 현상이 유행하는데, 그 해답을 얻기 위해 조직들은 그에 맞는 문제점들도 제기해야 한다. 데이터를 축적해 조직 안에서 널리 공유하면 일종의 개선이 따라올 것이라는 제대로 검증되지 않은 신념이 존재하지만, 정보를 쉽게 전환되는 "데이터"로 바꾸려면 그 정보에서 미묘한 차이와 맥락을 제거해야 하는 경우가 많다는 사실은 무시된다.

주인과 대리인, 그리고 동기 부여 05

전문가의 전문지식이 맹비난을 받던 그 몇십 년 동안, 비즈니스 기업들도 주주들의 이익보다는 경영자들의 이익을 우선시한다는 비판에 시달렸다.

그 개념은 1970년대에 차츰 힘을 얻어 "주인-대리인 이론"으로 학문적 정수를 이루었다.[1] 경영학 문헌에 두드러지게 등장하는 이 이론은 조직의 목적과 조직의 운영자 간의 격차에 주목한다. 이 이론에서는 최대 수익성과 주가라는 주주들의 관심을 기업 간부들의 관심과 맞추는 문제를 중점적으로 다루는데, 이러한 목표는 간부들에게 우선 사항이 아닐 수 있다. 주인-대리인 이론은 다음과 같은 일반적인 의심을 추상적인 용어로 설명한다. 즉, 조직에 고용된 사람들을 신뢰해서는 안 되고, 이들의 활동을 감시 및 측정해야 하며, 그 측정수단은 해당 조직에 대한 직접적인 지식이 없는 사람들에게 투명하게 공개해야 하고, "대리인"에게 동기를 부여하는 가장 효과적인 방법은 금전적 보상과 처벌이라는 것이다.[2] 여기서도 숫자는 객관성의 보증서이자, 상세한 지식과 개인적 신뢰의 대체품으로 간주된다.[3]

주인-대리인 이론은 처음에는 CEO의 보수를 회사의 수익과 주가에 근거한 상여금으로 지불하는 제도로 이어졌다가, 나중에는 최고 경영자들에게 회사의 스톡옵션을 부여하는 계획으로 바뀌었다. 각 제도의 핵심은 경영자의 인센티브를 회사 소유주의 인센티브에 맞춰 조정하는 것이었는데, 소유주의 유일한 관심은 참 그럴듯하게도 회사의 수익성인 것으로 추정되었다.

주인-대리인 이론은 조직을 특정한 관심사가 있는 사람들(주인)과 그 관심사를 수행하도록 고용된 사람들(대리인) 간의 관계 네트워크로 이해한다. 이것은 주인의 관점이며, 대리인의 관심사가 주인의 관심사와 다를 수 있다는 것을 전제로 한다. 예를 들어, 회사 주주의 관심사는 투자 자본에 대한 이윤과 수익을 극대화하는 것일 수 있다. 하지만 경영자의 관심사는 자신의 지위를 과시할 호화로운 사무실과 화려한 전용기를 갖는 것일 수 있고, 그 아래 직원들의 관심사는 업무량을 최소화하면서 월급을 받는 것일 수 있다. 주인에게는 대리인이 자신의 관심사보다 주인의 관심사를 우선하도록 장려하는 것이 숙제다. 따라서 주인에게는 감시의 문제가 필연적으로 따라다닌다. 대리인이 실제로 어떤 일을 하고 주인의 목표를 얼마나 잘 수행하는지 어떻게 알 수 있을까? 그러므로 조직의 두 가지 과제는 상관들에게 부하 직원의 활동에 대한 정보를 제공할 방법과 대리인의 관심사를 주인의 관심사와 일치시킬 보상 체계를 마련할 방법을 고민하는 것이다. 그리고 정보에 대한 추구는 대리인이 주인의 목표를 얼마나 잘 수행하고 있는지 효과적으로 전달하는 표준화된 수치, 즉 성과 측정지표로 이어진다. 인센티브를 조정한다는 것은 직원들에게 회사의 수익성을 반영한 금전적 보상을 해준다는 의미로 여겨진다. 다시 말하면, 회사가 돈을 많이 벌수록 직원들이 받는 돈도 많아진다.

경영 전문 서적들은 이 주인-대리인 이론에서, 경영은 분명한 목표를 설정한 뒤 이를 감시하고 장려하는 문제라는 결론을 도출해냈다. 따라서 경영은 한편으로는 정보와 보고 체계에, 다른 한편으로는 교묘하게 체계화된 보상에 의존하게 된다.

| 신공공관리 |

1980년대를 시작으로 이 같은 생각은 영리기업에서 정부 기관, 대학, 병원 같은 비영리기관으로 확대되었다. 비용상의 불만, 만족스럽지 않은 결과물, 또는 단순히 비용 절감의 이유로 이런 조직들도 "비즈니스처럼" 운영해야 한다는 주장이 나왔다. 이것이 일명

"신공공관리"의 옹호자들이 내건 슬로건이었다. 여기서 주인은 정부 기관과 비영리조직에 돈을 대는 사람으로, 정부의 입장에서는 납세자였다. 이런 조직들을 이용하는 학생이나 환자, 고객은 이제 소비자로 간주되었다.

이런 조직들을 비즈니스처럼 운영하려는 사람들에게 한 가지 어려움이 있다면, 기금 제공자들이 그 값어치를 충분히 얻고 있는지 결정할 가격 메커니즘이 전혀 없다는 것이었다. 경쟁시장에서 소비자는 상품과 서비스의 가격을 그 상품의 품질과 비교할 수 있으며 정보에 입각해 무엇을 살지 결정할 수 있다. 가격은 간결하고 투명한 형태로 많은 정보를 전달한다. 하지만 납세자들은 학교, 대학, 병원, 정부 기관 또는 자선단체를 어떻게 평가할 수 있을까?

이런 어려움을 해결하기 위해, 비영리조직을 비즈니스처럼 운영하려는 사람들은 세 가지 전략을 제시했다. 첫 번째는 성과를 측정하고 가격의 대체 역할을 할 지표를 개발하는 것이다.[4] 두 번째는 조직의 직원들에게 측정된 성과를 바탕으로 금전적 보상과 처벌을 제공하는 것이다. 세 번째는 서비스 제공자들의 성과지표를 "투명하게" 공개하여 경쟁을 붙이는 것이다. 한마디로 말하면, 정부와 비영리 부문에 시장과 유사한 조건을 도입하여 "비즈니스처럼" 운영하자는 생각이었다. 이런 사고방식을 "신공공관리"라고 불렀다. 이 개념은 미시경제학의 원칙을 공공행정과 공공정책에 이식하는 보다 광범위한 사회 흐름을 반영했다.[5]

이 접근법은 처음부터 비평가들의 지적을 받았다. 경제학자 벵트 홀름스트룀Bengt Holmström과 폴 밀그롬Paul Milgrom, 그리고 몬트리올 맥길대학교의 경영학 교수 헨리 민츠버그Henry Mintzberg 같은 학자들은 이 접근법의 잘못된 전제에 주목했다.[6] 1990년대 중반에 민츠버그는 신공공관리의 옹호자들이 채택한 관리의 개념은 민간 기업의 유능한 관리자들이 하던 일을 단순화한 캐리커처라고 지적했다. 그럼에도 이는 많은 경영학 전공생들이 경영대학원과 급성장 중인 비즈니스 자문 서적에서 배우는 내용과 일치했다. 그렇다고 하더라도 정부와 비영리조직에는 부적합한 개념이라고 그는 주장했다. 비즈니스 기업은 부서가 나뉘어져 있고 부서별로 특정한 제품 또는 서비스를 제공하는 명확한 임무가 있지만, 정부 기관과 비영리조직은 따로 떼어놓고 측정하기 어려운 여러 가지 목적을 갖고 있다. 신공공관리 제도는 여권 발행 같은 단일 상품 또는 서비스를 제공하는 정부 부처들을 관리할 수 있는 효과적인 해결책처럼 보인다. 하지만 이는 일괄 적용하기 어려운 예외의 경우다. 게다가 비즈니스에는 성공과 실패를 가리는 명확한 금전적 기준이 있기 때문에 비용과 혜택을 비교해 수익을 파악할 수 있고 경영자는 그 수익을 기준으로 합당한 보상을 받을 수 있다. 하지만 정부와 비영리조직에서는 목표가 하나인 경우가 드물기 때문에 즉각적인 측정이 어렵다. 초등교육을 예로 들면 읽기와 쓰기, 산술 같은 교육은 표준화된 시험을 통해 감시할 수 있을 것이다. 하지만 바람직한 행동 심어주기, 세계에 대한 호기심 불어넣기, 창의적 사고 기르기처럼 측정하기는 어렵지만 못지않게 중요한 목표들은 어떻게 해야 할까?

더 큰 문제도 있다. 기업의 비즈니스는 수익을 내는 것이고, 직원들은 주로 돈을 벌기 위해 그 직장에서 일한다. (그렇다고 돈이 그들의 궁극적 목표라는 말은 아니다. 다만 그들이 대개는 자신의 비금전적 목적에 쓸 돈을 벌기 위해 일한다는 뜻이다.) 학교나 대학, 병원, 적십자 같은 정부 기관과 비영리조직에서 일하는 사람들도 생계비를 버는 데 관심이 있지만, 그보다는 교육, 연구, 치료, 구조활동 같은 조직의 사명에 헌신한다는 데에서 더 큰 동기 부여를 받는 경향이 있다. 이처럼 사람들이 금전적 보상의 유혹에 서로 다르게 반응하는 이유는 이들의 동기가 적어도 조금씩은 차이가 나기 때문이다.[7]

| 외적 보상과 내적 보상 |

성과급 제도의 문제점 중 다수는 인간의 동기를 바라보는 지나치게 단순하고 크게 왜곡된 개념, 다시 말해 사람들이 물질적 보상에 의해서만 일할 동기를 얻는다는 개념에서 찾을 수 있다. 사람들 중에는 **외적인** 금전적 보상보다 여러 가지 **내적인** 정신적 보상에 의해 동기 부여를 받는 경우도 있기 때문이다. 이러한 보상으로는 소속 조직의 목표에 대한 헌신, 담당 업무의 복잡성에 대한 강한 흥미 등

성과지표의 배신

이 있는데, 이런 이유 때문에 일이 도전적이고 흥미롭고 즐겁게 느껴진다. 외적 동기 외에 내적 동기의 존재는 복잡한 업무를 수행하는 노동자들을 관리하는 사람들에게서 분명히 나타난다. 이 생각은 1970년대 중반에 심리학자들이 설명했고, 이후 2014년 노벨경제학상 수상자 장 티롤 같은 경제학자들이 재발견해 공식화했다.[8]

사람들이 돈에 대한 욕망으로만 동기가 유발된다고 가정하는 것은 단세포적인 생각이며, 내적인 보상에 의해서만 동기를 얻는다고 가정하는 것은 순진한 생각이다. 중요한 것은 이러한 동기들이 각각 언제 가장 큰 효과를 발휘하는지 알아내는 것이다. 이는 최근 몇 년간 사회과학자들이 관심을 기울인 문제였다.

일반적으로 외적 보상(성과급, 인센티브 수당, 상여금)은 돈을 버는 것이 주된 목표인 영리조직에서 가장 효과적이다. 또한 조립 라인의 표준화된 제품 생산 등과 같이 완수할 업무가 불연속적이고 쉽게 측정되며 내재적 흥미가 없을 때 효과적으로 작동한다.

어떤 보상은 내적 동기를 강화하기도 한다. 예를 들어, 통제보다는 주로 정보를 전달하기 위해 구두로 이루어지는 보상이 그렇다("일처리가 훌륭하더군!").[9] 또는 사전에 제공되는 인센티브 없이 사후에 성과가 좋으면 주는 보상도 있고,[10] 과학 또는 학문 분야에서 장기적인 성취를 인정하는 의미로 상이나 경칭을 수여하는 경우가 있다.[11] 더 넓게는, 시세 이상의 임금 또한 직원의 성과에 대한 조직의 **감사**에 대한 **표시**로 인식된다면 직원의 내적 동기를 강화할 수 있다.[12] 내적 동기와 외적 동기는 무사고無事故 성적이 좋은 병원에 보상을 해주는 경우처럼 보상 결과가 대리인의 사명감과 일치할 때 동시에 작동할 수 있다.

하지만 사명 중심의 조직이 성과급의 약속과 같이 외적 보상을 사용하려고 하면 실제로 역효과가 날 수도 있다. 내적 흥미가 높은 활동에 외적 보상을 사용할 경우, 사람들은 업무의 내적 흥미나 그 업무를 구성하는 더 큰 사명에 초점을 맞추지 않고 보상에 집중하게된다. 그리고 그 결과로 나타나는 것이 내적 동기의 "밀어내기 효과"다. 자신의 업무를 금전적 목표 달성의 주된 수단으로 여기도록 교육을 받은 결과, 기관의 사명을 위해 일하는 데 대한 흥미를 잃는 것이다.[13] 어떤 사람들은 성과급 제안을 자신의 직업 윤리와 자부심에 대한 모욕으로 인식할지도 모른다. 자신이 돈 때문에 그곳에 있는 것처럼 여겨지는 게 싫은 것이다. 따라서 외적 보상이 실적을 독려한다는 추정은 기업금융전문가에게는 적합하지만, 교사나 간호사에게는 그렇지 않다. 모든 것을 비즈니스로 바꾸려고 하는 것은 눈앞의 실질적인 비즈니스에 걸림돌이 된다.

실제로 이런 조치는 실제 비즈니스를 방해한다. 아이러니하게도, 기업들이 고위 간부와 직원들을 대상으로 성과급에 근거한 인센티브 제도를 앞다투어 개발 중이고 그러한 제도가 정부와 비영리조직에 적합한 것처럼 홍보되고 있을 때조차, 20세기 말 무렵의 주인-대리인 행동의 주요 이론가들은 이런 제도의 약점들을 분석하고 있

성과지표의 배신

었다. 1998년, 매사추세츠공과대학교MIT 조직경제학 교수인 로버트 기번스Robert Gibbons는 실제로 주인(회사의 소유주)은 대리인(직원)의 **다양한** 산출 결과물에서 수익을 얻지만, 이런 산출물 중 대다수는 눈에 잘 띄거나 수치 형태로 측정할 수 있는 것이 아니라고 지적했다. 조직의 성패는 멘토링이나 팀워크 같은 활동에 참여하는 직원들에 달려 있는데, 이 직원들의 유일한 관심사가 자신의 성과 측정치를 극대화해 보상을 받는 것이라면 그 일을 훌륭하게 수행해내기가 어렵다. 그 결과, 대리인의 **측정 가능한** 기여도와 **실제** 총 기여도에는 차이가 생긴다. 결과적으로, 측정된 성과(예: 부서의 수익 증가, 회사의 주가 상승)는 직원들이 조직에 꼭 필요한 일을 하지 못하게 만드는 결과를 초래할 수 있다. 뿐만 아니라 성과를 측정하고 보상하기 위한 단순하고 계량화할 수 있는 표준을 추구하게 되면서 불가피하게 인센티브의 취지가 왜곡되었다. 기번스가 결론에 밝힌 것처럼, 대리인이 일하는 데서 보상을 얻는 이유에 대해 심리적 동기 범위를 무시하는 경제 모델은 동기의 불완전한 개념만을 일러준다. 최악의 경우, "경제 모델에 기초한 경영은 내적 동기와 사회적 관계 같은 비경제적 본질을 약화시키거나 심지어는 파괴할 수 있다."[14]

20세기 말에 기번스 같은 조직행동학 전공자들은 외적 동기의 호소가 불러올 위험에 대해 경고하고 있었다. 하지만 그 무렵 인센티브와 외적 보상, 신공공관리 같은 단순한 개념에 기초한 제도들은 이미 단단히 뿌리를 내린 상태였다.

기업 부문에서 시작된 이러한 경영 풍조는 거기에 머무르지 않고 특히 영어권 국가(영국, 미국, 오스트레일리아, 뉴질랜드)로 빠르게 퍼져 나갔다. 마거릿 대처의 보수당 정부는 공공 부문의 관리와 효율성 제고를 위해 공식 기구들을 설립했다. 일부 기구에는 경영인과 경영 컨설턴트를 배치하고 능률팀Efficiency Unit, 재무관리팀Financial Management Unit, 의회감사부National Audit Office, 감사원Audit Commission 같은 명판을 내걸었다. 이 풍조는 경영 전문가와 컨설턴트, 학자들이 "모범 사례"라는 도구와 모델을 전파하면서 영국에서 국경을 넘어 오스트레일리아와 뉴질랜드, 기타 OECD 국가로 퍼져 나갔다.[15]

철학적 비판

측정지표의 문화는 우파와 좌파 모두의 지원을 받지만, 비판 또한 양편에서 모두 받는다. 마르크스주의적 좌파의 관점에서 이 문화는 탈숙련화를 촉진하는 것처럼 보일 수 있는데, 어느 정도 타당성이 있다. 다시 말해, 상부에서 주도하는 생산 조직의 변화로 그 시스템에 속한 직원들의 기술과 경험이 평가 절하되는 효과가 나타날 수 있다.[1] 또한 작은 것에 국한된 일, 그리고 다른 사람들이 지시한 한정된 목표를 맞추는 것으로 재량권을 행사해야 하는 일은 직원의 소외감을 증폭시킨다.

| 합리주의자들의 착각 |

또한 마이클 오크숏, 마이클 폴라니, 프리드리히 하이에크 같은 보수적이고 전통적인 자유주의 사상가들이 책임성의 측정에 대해 설득력 있는 정밀 분석을 내놓았는데, 자칭 아나키스트 지지자이자 예일대 인류학 교수인 제임스 스콧James C. Scott의 연구로 최근 그 내용이 재발견되었다. 이 사상가들은 지식을 두 가지 형태로 구분했는데, 추상적이고 정형화된 지식과 실질적이고 암묵적인 지식이다. 실질적이거나 암묵적인 지식은 경험의 산물로서 학습이 가능하지만 일반 공식화가 어렵다. 반면 추상적인 지식은 기법의 문제이므로 쉽게 체계화하여 전달하고 적용할 수 있는 것으로 가정된다. 오크숏의 잘 알려진 사례를 보면, 추상적인 레시피 지식은 요리책으로 전수가 되지만 이러한 지식(달걀 풀기", "혼합 재료 휘젓기")을 활용하는 방법을 알려면 책으로 습득할 수 없는 경험적 지식이 필요하다. 오크숏은 세상일을 올바른 공식이나 레시피를 적용하는 문제로 보는 "합리주의자들"을 비판했다. 전문적 지식은 정확한 공식화의 덫에 빠지기 쉬운데, 공식화를 해야 확실한 것이라는 느낌을 주기 때문이다. 하지만 오크숏의 주장은 달랐다.

이런 식의 공식화가 어렵다는 점이 실질적인 지식의 특징이다. 실질적인 지식은 대개 관례 또는 전통적인 방식으로, 한마디로 실전으로 표현된다. 그래서 부정확성, 따라서 불확실성, 견해상의 문제라는 느낌을 주며 진실보다는 개연성에 가까워 보인다.

합리주의자들은 기법의 탁월성을 신봉하는 사람들이다. 이들에게 진정한 지식의 유일한 형태는 전문적 지식이다. 이런 지식만이 **실재하는** 지식을 나타내는 확실성의 기준을 충족하기 때문이다. 오크숏에 따르면 합리주의의 오류는 **실질적인** 지식, 그리고 환경의 기이성을 말해주는 지식의 필요성을 제대로 인식하지 못한 것이다.[2]

| 과학만능주의 |

프리드리히 하이에크도 이와 관련해 "지식의 겉치레"라는 비평을 내놓았다. 20세기 중반에 저작 활동을 한 그는 사회주의자들의 대규모 경제계획 시도를 두고 "과학만능주의"를 꿈꾼다고 꾸짖으며, 마치 그 설계자들이 복잡한 사회를 구성하는 모든 투입과 산출을 내려다보는 위치에 있는 것처럼 경제 생활을 설계하려 든다고 비판했다. 하이에크의 주장에 따르면 경쟁시장의 강점은 개인이 지역 상황에 대한 자신의 지식을 활용할 수 있고, 기존 자원의 새로운 용도를 찾아내거나 지금껏 알려지지 않은 뜻밖의 새로운 상품과 서비스를 상상할 수 있다는 점이었다. 간단히 말하면, 계획은 서로 관련된 분산된 정보들을 고려하지 못할 뿐 아니라, 특정한 필요를 충족하는 방법과 새로운 목표를 생성하는 방법을 찾아내는 데 필요한 기업가적 정신을 방해했다.[3]

아이러니하게도 많은 당대 비평가들은 측정 강박의 핵심이라 할 수 있는, 계량화 가능한 목표에 대한 집착이 (비록 자본주의에 대한 헌신을 선언하는 정치인과 정책결정자들이 자주 보여주는 특징이긴 하지만) 소비에트 체제의 여러 본질적 결함을 되풀이한다고 주장했다. 소련 설계자들이 각 공장에서 생산할 산출 목표를 설정한 것처럼, 공무원들도 학교와 병원, 경찰, 기업이 달성해야 할 측정 가능한 성과 목표를 설정한다. 또한 소비에트 관리자들이 상부에서 정한 수치 목표를 맞추기 위해 조잡한 상품을 생산했듯이, 학교와 치안, 비즈니스 현장에서도 학생들에게 최소한의 기술만 교육시킨 채 졸업시키기, 중절도를 가벼운 좀도둑질로 격하시키기, 은행 고객에게 가짜 계정 개설해주기 등 각자의 조잡한 상품으로 할당량을 채울 방법을 찾아낸다.[4]

하이에크가 현대경제학에도 다양하게 적용했던 과학만능주의 비판은 측정지표의 이데올로기와도 큰 관련이 있다. 측정 강박은 측정이 가능해 보이는 제한된 목표들을 미리 설정함으로써 비즈니스 또는 조직의 실제 목표 범위를 축소시킨다. 또한 측정 강박은 조직 내의 기업가 정신을 방해한다. 조직 안에는 측정지표의 대상은 아니지만 추구할 가치가 있는 새로운 목표와 목적도 있을 수 있기 때문이다.

성과지표의 배신

이 수많은 사상가의 통찰은 다음의 격언으로 압축할 수 있을 것이다. "계산적인 것은 상상력의 적이다." 앞서 얘기한 것처럼 기업가 정신은 경제학자 프랭크 나이트Frank Knight가 이름 붙인 "측정할 수 없는 위험"을 감수하느냐에 달려 있다. 혁신의 잠재적 이점은 정확한 계산의 영향을 받지 않기 때문이다. 또는 오랜 기간 성과급에 대한 비평을 한 알피 콘Alfie Kohn의 공식화에서 보듯이, 측정지표는 "탐구와 창의성에 불가피하게 수반되는 위험 감수를 억제한다. 결국 우리는 모험하고 가능성에 도전하며 직감을 따르는 일에 몸을 사리게 된다. 이렇게 한다고 결실을 본다는 보장이 없기 때문이다."[5]

실질적인 지역적 지식의 특징은 제임스 스콧이 설명한 것처럼 "더도 덜도 말고, 목전의 문제를 해결하는 데 딱 필요한 만큼 경제적이고 정확하다는 것"이다.[6] 반면, 측정지표가 약속하는 수치적 정밀도의 수준은 실제 전문직 종사자들이 필요로 하는 것보다 훨씬 클 수 있으며, 그런 정도의 정밀도를 확보하려면 헛된 시간과 노력을 쏟아부어야 할 수도 있다. 따라서 정밀성의 추구는 낭비로 이어질 수 있고, 결국 자신의 시간과 독창성을 희생해야 하는 사람들의 분노를 살 수 있다.

"심지어 이론상 그것이 불가능한 분야에서조차 기계적 정밀성을 요구하거나 설파하는 것은 다른 사람들을 눈멀게 하고 그릇된 길로 인도하는 것이다"라고 영국 자유주의 철학가 이사야 벌린Isaiah Berlin은 정치적 판단에 관한 한 평론에서 설명했다. 실제로 정치적 판단에 대한 벌린의 주장은 보다 넓은 의미로 적용된다. 판단은 어떤 상황의 독특성을 가늠하기 위한 일종의 기술이며, 따라서 분석보다는 종합의 재능, 다시 말해 "어떤 인간 상황의 전말, 일의 아귀가 맞아 들어가는 전체 양상을 이해하는 능력"이 수반된다.[7] 전체에 대한 감각과 독특성에 대한 지각은 엄밀히 말해서 수치적 측정지표로 나타낼 수 없는 것이다.

| 케두리의 대처 비판 |

1987년에 마거릿 대처의 보수당 정부는 고등교육에 대한 공적 재정 지원을 탈바꿈하기 위한 대대적인 계획에 착수했다. 이 계획에는 장관 이하의 관료 조직이 특정 대학에 대한 자금 할당을 결정할 때 기준으로 삼을 오만가지 새로운 "성과지표"가 요구되었다. 영국의 뛰어난 보수 역사가이자 정치 이론가인 엘리 케두리Elie Kedourie는 이 계획을 가차없이 비판하며 이름을 알린 사람 중 한 명이었다. 그는 다음과 같이 썼다. "지난 20년간 정부가 후원하는 과잉과 방탕 속에 살아온 결과, 지금 여기저기서 대학의 상황을 둘러싸고 어렴풋하지만 강력한 불만과 조바심의 조짐이 나타나고 있다. (…) 자신들이 시간을 낭비하고 있는 것이 아니라고 과학적으로(이왕이면 마법처럼) 증명해줄, 그리고 산업의 윙윙거리는 컨베이어 벨트에 자신들을 배

성과지표의 배신

치해줄 어떤 공식이나 레시피(더 많은 과학과 더 많은 정보기술, 더 많은 질문 표, 더 많은 감시)에 대한 형언할 수 없는 갈망이 느껴진다.[8] 케두리는 "보수 정부가 스스로 천명한 이상과 목적에서 한참 벗어난 대학 정책에 착수했다"며 놀라워했으며, "이 불가해한 현상을 설명하기 위해서는 그 정책이 의식적 결정의 결과물이 아닌, 저항할 수 없는 시대 정신에 대한 무의식적인 자동 반응의 결과물이라고 결론지을 수밖에 없다"고 끝맺었다.[9] 또한 "효율성"이라는 슬로건 하에서 대규모 사기가 자행되고 있다고 단언하며 그 이유에 대해 다음과 같이 말했다. "효율성은 일반적이고 추상적인 속성이 아니다. 그것은 언제나 근본적인 취지와 관련이 있다. 비즈니스는 생산에 소비되는 요소 대비 수익이 다른 비교 대상의 수익보다 클 때 더 효율적이다. 하지만 대학은 비즈니스가 아니다."[10] 대학이 비즈니스이고 정부가 그 고객들을 대표한다는 미명 하에, 교육부가 비논리적인 기준을 근거로 교육적 가치를 결정하려고 한다고 케두리는 설명했다.[11]

| 책임성의 진보 |

그 후 10년 동안 "책임성"과 "성과 측정"은 미국에서도 비즈니스 리더, 정치인, 정책결정자 사이에서 유행어가 되었다. 1993년, 빌 클린턴 대통령은 모든 기관에 강령, 장기 전략안, 연간 달성 목표와 함께 이러한 목표의 진행 정도를 측정하는 데 사용할 측정수단을 마련하도록 하는 정부업무수행성과법Government Performance and Results Act에 서명했다. 공화당 의원들이 주창하고 민주당 대통령이 서명한 이 법은 초당적인 지지를 받았다.[12] 조지 워커 부시 대통령의 임기 중인 2004년, 연방 정부의 덕망 높은 회계감사원의 공식 명칭은 'General Accounting Office(일반회계검사기관)'에서 'Government Accountability Office(정부책임성검사기관)'로 바뀌었다.

이제 현재의 우리로 돌아와, 성과 측정의 역사와 이론이 당대에 어떤 모습으로 구현되고 있는지 살펴보자.

3부

여러 분야에서
나타나는 잘못된
측정 사례 연구

고등교육

첫 번째 사례 연구는 측정 강박에 대한 내 연구가 시작된 고등교육 분야다. 국민 경제의 큰 부문이자 모든 선진 사회의 중심 기관을 이루는 단과대학과 종합대학은 성과 측정의 대표적인 결점과 의도하지 않은 결과, 그 이점까지 말해주는 좋은 예가 된다.

│ 측정지표 제안: 누구나 대학에 가야 한다 │

일단 측정에 집착하게 되면, 많을수록 좋다는 믿음에 사로잡힌다. 정부와 비영리기관의 장려책에 따라 고등학교 졸업 후에도 교육을 이어가는 미국인이 점점 늘고 있다. 일례로, 미국 교육부에 따르면 "오늘날 대학은 일부 미국인만 누릴 수 있는 사치품이 아니다. 그

것은 **모든** 미국인이 시민으로서 갖추어야 할 실리적인 개인 필수품이다."[1]

루미나 재단Lumina Foundation도 이러한 메시지를 전달하는 많은 비영리기관 중 하나다. 이 재단의 사명은 중등과정 이후의 교육을 확대하는 것으로, 2025년까지 미국인의 60퍼센트가 대학 학위나 수료증, 기타 "양질의 고등과정 자격증"을 취득하게 한다는 목표를 갖고 있다. 루미나 재단의 웹사이트에서는 다음과 같이 "더 부강한 국가"라는 실행계획을 소개하고 있다.

> 우리 계획은 전적으로 그러한 학습을 입증하는 데 있다. 즉, 이를 계량화하고 추적하며 학습이 이루어지는 곳과 그렇지 않은 곳을 정확히 짚어내야 한다. (…) 또한 루미나는 도달 목표를 설정하고 이를 달성하기 위한 강력한 국가 계획을 개발 및 실행하기 위해 전국의 국가정책 지도자들과 함께 일하고 있다. 지금까지 26개 주에서 철저하고 도전적인 도달 목표를 설정했으며 작년에만 15개 주였다. 이 중 대다수 주는 성과를 높이고 목표를 달성하기 위해 성취 결과에 근거한 자금 지원, 개발 교육 개선, 고등교육 비용 합리화 등 구체적인 단계들을 밟고 있다.[2]

루미나 재단은 측정지표에 푹 빠진 채 측정지표 전파에 힘쓰고 있다. 재단 웹사이트에서는 "루미나 재단은 결과에 중점을 두는 기관으로서, 우리의 일을 안내하고 우리가 미친 영향을 측정하며 목표 2025를 향한 국가의 진전도를 감시하기 위해 여러 가지 국가적 측정지표를 사용한다"고 선언한다.

루미나 재단의 사명은 고등교육의 역할에 대한 미국 사회의 보편적 신념, 즉 대학에 진학하는 사람이 훨씬 더 많아져야 하며 그렇게 할 때 국민의 생애 소득이 늘어나고 국가의 경제 성장도 창출된다는 믿음과 합치한다.

승리자가 많아질수록 승리의 가치는 낮아진다

그러한 신조와 이 신조에 따른 성과 목표는 잘못된 것일 수도 있다. 런던대학교 교육경제학 교수인 앨리슨 울프Alison Wolf가 지적한 것처럼, 학사 수료자들이 학사 학위가 없는 사람들보다 평균적으로 돈을 더 많이 버는 것은 사실이다. 따라서 개인적인 차원에서 학사 학위를 따려고 하는 것은 경제적으로 합당한 일이다. 하지만 국가적인 차원에서 볼 때 대학 졸업자가 많을수록 생산성이 높아진다는 것은 맞지 않다.[3]

그 이유 중 하나는 취업시장의 관점에서 교육은 위치재의 특성이 짙기 때문이다. 잠재적 고용주에게 학위는 신호의 역할을 한다. 고용주는 일자리에 지원한 초기 지원자들의 학위를 보고 그 등급을 빠르게 판단한다. 고등학교 졸업은 보통 수준의 지적 능숙도와 끈기 같은 성격적 특성을 갖췄다는 표시이고, 대학 졸업은 이런 능력이 대체로 출중하다는 신호다. 소수만 대학을 졸업하는 사회에서는 학사 학위가 어느 정도의 우월성을 표시한다. 하지만 학사 지원자의 비율이 높을수록 학위가 분별 장치로서 갖는 가치는 낮아진다. 결국, 고등학교 졸업장이면 충분할 일자리에 학사 학위가 요구되는 일이 벌어진다. 이런 직업에 높은 인지력이나 높은 수준의 기술이 요구되어서가 아니다. 고용주들이 나머지 지원자들을 배제한 채 수많은 학사 취득자 중에서만 지원자를 선별할 수 있기 때문이다. 그 결과, 대학 학위가 없는 사람들의 임금이 낮아지고 많은 대학 졸업생이 대학 전공과 무관한 일자리에 배치된다.[4] 이는 결국 높은 위치를 차지하기 위한 경쟁으로 이어진다. 다시 말해, 그다지 대단하지 않은 직업에도 대학 졸업장이 필수라는 소문이 퍼지면서, 학위를 따려는 사람이 점점 늘게 된다.

이와 같이, 대학 학위를 따려는 사람들의 수가 늘어나는 데에는 개인적인 유인 동기가 작용한다. 다른 한편으로는 정부와 민간 기관들이 대학 진학률과 졸업률을 높이는 데 목표를 둔 성과 측정기준을 마련한다.

│ 기준 하향을 통한 측정지표 제고 │

하지만 대학에 진학하는 미국인이 많아진다고 해서 사람들의 대학 학습 준비가 잘 되어 있거나, 모든 미국인이 유의미한 대학 학위를 취득할 수 있는 것은 아니다.

실제로, 대학 수준의 공부를 할 준비가 된 채 고등학교를 졸업하는 학생이 많아진다는 조짐은 전혀 없다.[5] 대학 준비도의 한 가지 척도는 SAT과 ACT 같은 학력고사 점수로, 이 같은 시험은 대학 교육 적응도를 예측하는 데 사용된다(적성 검사도 일부 포함되어 있다).

일반적으로 이 시험들은 대학 진학을 희망하는 고등학생들만 치르지만, 일부 주에서는 학생 성취도를 높이려는 노력의 일환으로 응시 학생의 범위를 확대하도록 지시했다. (이는 잘못된 인과 작용의 사례로 판단된다. 이 시험을 치른 학생들은 성취도 점수가 높은 경향이 있었다. 하지만 응시 학생을 늘리면 학습 성취도가 올라갈 것이라는 추론은 잘못된 것이었다. 이런 추론에는 성취도가 높은 학생은 시험에서 1등을 할 가능성이 더 높다는 오류가 있었다. 즉, 정책결정자들은 원인을 결과로 잘못 판단한 것이었다.) ACT 시험은 영어, 수학, 읽기, 과학 등 4과목으로 구성된다. ACT 개발 회사는 응시자가 "대학 과정 학습에 대한 뛰어난 준비도"를 갖췄음을 나타내는 점수의 기준점을 개발했다. 가장 최근에 ACT 시험을 치른 학생 중 3분의 1은 4과목 중 **어느** 영역에서도 기준점을 채우지 못했고, 4개 영역 중 최소 3개 영역에서 기준점을 채운 학생은 38퍼센트에 불과했다. 간단히 말해, 대학 진학을 꿈꾸는 대부분의 사람은 대학 공부를 할 수 있는 증명된 능력이 없다.[6]

인정하고 싶은 사람은 거의 없겠지만 그 결과는 너무 뻔하다. 충분한 준비 없이 지역 전문대학과 4년제 대학에 진학하는 사람이 늘어남에 따라 그중 상당 비율은 보충 강의가 필요하다. (이제 "계발" 강좌라는 명칭으로 바뀐) 이 강의들은 고등학교에서 배웠어야 하는 내용을 다룬다. 지역 전문대학에 진학하는 학생 중 3분의 1은 읽기 계발 학급에 배정되고, 59퍼센트 이상은 수학 계발 강좌에 배치된다.[7] 또한 대학 진학 준비가 덜 된 학생들이 입학 학교에 추가 교육을 요청하면서 대학 교육비도 올라간다. "수월성 교육" 센터들의 캠퍼스 확장은 대학 학문을 공부할 준비가 되지 않은 학생들에게 쓰기와 기타 기술에 대한 비정규 교육이 필요하다는 지적에 빙 둘러 대응한 것이라 할 수 있다.

대학은 공립이든 사립이든 어느 정도는 졸업률에 근거해 측정과 보상을 받는다. 졸업률은 대학의 등급을 매기고 일부 경우 보수를 지불하는 기준이 된다. (주 정부에 "성취 결과에 기반한 재정 지원"에 참여하도록 촉구한 루미나 재단을 떠올려보자.) 그리고 그 결과에 따라 재원 지원이 결정된다. 대학은 더 많은 학생을 합격시킴으로써 우수한 성과 측정지표를 통해 그 책임성을 투명하게 보여준다. 하지만 졸업에 요구되는 하향된 기준은 투명하게 공개되지 않는다.[8] 요건이 쉽게 충족되는 강좌가 늘어나고, 교수에게는 채점에 후해야 한다는,

공공연하고 암묵적인[9] 압박감이 존재한다. 교수진의 대부분은 시간 강사로 구성되고, 낙제생 비중이 많은 시간 강사는 (능력이 아무리 출중해도) 계약이 연장될 가능성이 낮다.

이처럼, 단과대학과 종합대학에 진학하는 학생은 늘고 있지만 대학 수준의 공부를 할 능력을 갖추지 못한 채 진학함에 따라 학위를 마치지 못하는 학생들도 꾸준히 증가 추세다. 광범위하게 퍼져가고 있는 이 현상은 중도 포기자들에게 수업료, 생활비, 포기 소득 등 상당한 비용을 발생시킨다.[10] 높은 중퇴율은 대학에 도전하는 학생이 너무 적은 것이 아니라 너무 많다는 사실을 나타내는 것처럼 보인다.[11] 게다가 잠재적 고용주에게 학위가 실제 능력과 성취를 말해주는 징표이던 시대는 지나가고 있기 때문에 일반 학사의 경제적 가치도 점점 줄어들고 있다.[12] 이를 인지한 장래의 대학생과 학부모들은 그저 아무 대학이 아닌 상위권 대학으로 진학할 방법을 모색한다.[13] 그 결과, 대학 순위를 둘러싼 치열한 경쟁이 벌어진다. 이 주제는 나중에 다시 살펴볼 예정이다.

학사 취득의 기준을 낮춘다는 것은 "인적 자본"의 지표로 사용되는 대학 학위 취득자의 비율이 공공 정책 분석의 기만적인 측정 단위가 된다는 뜻이다. 경제학자들은 자신들이 측정할 수 있는 것만 평가할 수 있으며, 그들이 측정할 수 있는 것은 표준화가 필요하다. 이와 같이 "인적 자본"이 경제 성장에 미치는 긍정적 효과를 연구하는(또한 거의 언제나 경제에 필요한 것은 더 많은 대학 졸업생이라고 결론짓는) 경제학자들은 종종 대학 졸업률을 "인적 자본" 달성의 측정수단으로 사용하면서, 학사라고 다 똑같은 학사가 아니며 개중에는 높은 실력이나 성취도를 반영하지 못하는 학사도 있다는 사실을 무시한다. 이 때문에, 통계적 유효성이라는 견고한 측정수단을 사용하지만 측정 단위의 유효성에는 그다지 흥미가 없는, 소위 비세속적인 경제학자들의 연구는 어쩐지 현실성이 떨어진다.

대학 진학률과 졸업률을 높이려는 노력 뒤에는 평균적인 학력 상승이 곧 높은 경제 성장으로 이어질 것이라는 가정이 숨어 있다. 하지만 미국과 영국의 저명한 경제학자들(영국의 앨리슨 울프, 미국의 대런 애쓰모글루Daron Acemoglu와 데이비드 오터David Autor)은 지금까지는 그랬다 하더라도 더 이상은 그렇지 않다고 결론지었다. 중저 수준의 인적 자본을 지닌 사람들이 수행하던 많은 일이 기술로 대체되고 있는 오늘날에는 혁신과 기술적 진보가 국가 경제 성장의 토대가 되므로 평균 수준의 교육적 성취보다는 탁월한 지식과 능력, 기술을 갖춘 상위권 사람들의 성취가 더 중요하다.[14] 최근 몇십 년간 대학 학위 취득 인구의 비율은 상승한 반면 경제 성장률은 감소했다. 또한 대학 졸업장 소지자와 비소지자의 소득 격차는 여전히 상당하지만, 대학 졸업생들의 소득 하락 속도로 볼 때 경제는 이미 대학 졸업자의 공급 과잉 현상을 겪고 있는 것처럼 보인다.[15] 반면, 대학 교육보다는 도제 과정을 통해 배출되는 배관공, 목수, 전기기사 같은 숙련된 업종의 노동자들은 부족한 실정이다. 이 노동자들은 보통 4년제

학위 취득자들보다 돈을 더 많이 번다.[16]

분명한 것은, 공공 정책의 목표가 경제 성장에 머물러서는 안 되며 잠시 후 살펴보겠지만 대학 교육에는 소득 능력에 미치는 효과 그 이상이 있다는 사실이다. 하지만 지금으로서는 고등교육을 측정하는 경제학적 기준으로 봤을 때도 대학 졸업생의 확대라는 측정 목표는 미심쩍은 면이 있다는 점을 강조할 가치가 있다.

| 대학 성과를 측정해야 한다는 압박 |

엘리 케두리가 마거릿 대처의 보수당 정부의 중앙집중 정책을 비판한 이후 몇십 년 동안, 영국에서 고등교육기관에 대한 중앙정부의 통제는 확대 및 심화되었다. 이 같은 통제는 대부분 성과 측정지표를 통한 관리의 형태로 이루어진다. 이는 많은 분야의 학문에서 유해한 결과를 낳았다.

다른 나라와 마찬가지로 영국에서도 정부의 목표에 발 맞춰 대학 진학 인구의 비율이 크게 늘고 있다. 1970년에는 각 연령층에서 10퍼센트 미만의 남녀가 대학에 진학했다. 1997년 무렵에는 그 비율이 3분의 1에 가까워졌고 2012년에는 19세 중 38퍼센트가 어떠한 형태로든 제3차 교육에 등록했다.[17] 그 교육비를 대는 것은 보통 부담되는 일이 아니며, 최근 몇 년 동안에는 그 비용이 수업료의 형태로 학생 자신(또는 가족)에게 점점 전가되었다. 하지만 정부 지출은 여전히 큰 상태이며, 비용을 통제하고 "가치"를 실현하기 위해 그 통제 형태는 점점 더 결과에 따른 지급으로 바뀌고 있다. 그 성과는 각 부서와 기관의 산출 측정치에 중점을 둔 측정지표를 통해 평가된다.

마거릿 대처 이후의 영국 행정부는 "가치" 달성을 위해 영국 대학들을 평가하는 여러 정부 기관을 신설하고 "품질인증기관Quality Assurance Agency" 같은 명칭을 붙였다.[18] 대체로 다양한 절차 준수 및 서류 제출 정도에 따라 평가되는 수업품질평가Teaching Quality Assessment(TQA) 같은 수업 품질 심사들이 존재하지만, 이 중 실제 수업과 큰 관련이 있는 것은 거의 없다.[19] 하지만 한 가지 확실한 사실은 이 때문에 연구나 수업보다 서류 작업에 투입되는 시간이 더 많아질 수밖에 없다는 것이었다. 또한 연구실적평가Research Assessment Exercise(나중에는 연구우수성평가Research Excellence Framework로 명칭이 바뀌었다)에 대비해 데이터 수집과 분석에 전념하는 "품질 보증 책임자"라는 새로운 직책을 비롯해 전문 일손이 급격하게 늘어났다.[20] 2002년 영국에서만 측정지표에 쏟아부은 이런 활동 비용이 2억 5000만 파운드로 추산된다.[21] 행정 직원의 급속한 증가는 비슷한 성과 측정 제도를 채택한 오스트레일리아 같은 나라에서도 발생했다. 이 같은 제도 안에서 측정지표는 시간과 자원의 투입 대상을 행위에서 기록으로, 교육하고 연구하는 사람에게서 연구실적평가 등에 대비해 데이터를 수집하고 전파하는 사람에게로 옮겨가게 했다.[22] 더 많은 데이터를 찾는 것은 곧 더 많은 데이터 관리자와 더 많은 요식 체계, 더 많은 비싼 소프트웨어 시스템이 필요하다는 의미다. 아이러니하게도, 통제 비용이라는 명목으로 지출은 계속 불어난다.

미국에도 이런 기관들이 있는데, 가장 비슷한 것이 미국 단과대학과 종합대학에 합법성을 부여하는 대학 인정 기관들이다. 이 기관들은 활동 범위가 지역에 한정되지만, 대학에서 연방 기금을 받으려면 이런 기관의 인가가 필요하기 때문에 연방 정부의 매개자 역할도 한다.[23] 또한 영국의 인정 기관들과는 다른 방법으로 기금을 통제하지만 그럼에도 무척 중요한 역할을 한다. 최근 몇십 년 동안에는 산하 단과대학과 종합대학이 "평가"라는 전례에 따라 더욱 정교한 성과 측정수단을 채택하도록 압박하는 역할을 했다.[24]

측정된 성과에 따른 보상을 고등교육에 도입하면 대학을 "비즈니스처럼" 운영할 수 있다고 그 지지자들은 선전한다. 하지만 비즈니스에는 측정에 너무 많은 시간과 돈을 투자하지 못하도록 막는 제동장치가 기본으로 장착되어 있다. 어느 시점에는 측정이 수익 감소를 초래하기 때문이다. 반면, 대학을 비롯한 비영리기관들은 그런 최저선이 없기 때문에 정부나 인정기관 또는 대학 행정지도부가 한없이 측정지표를 확장할 수 있다.[25] 그 결과, 비용이 늘어나거나 지출의 대상이 행위자에서 행정 직원에게로 옮겨가는데, 대체로 행정 직원에게는 나쁠 것이 없는 일이다. 최근 몇십 년간 교수 및 학생 대비 행정 직원의 수가 천문학적으로 늘지 않은 대학을 찾기란 쉽지 않다.[26]

이는 국가적인 차원에서도 마찬가지다.

| 치열한 순위 경쟁 |

고등교육 분야에서 영향력이 점점 커지고 있는 또 다른 성과 측정지표는 대학 순위다. 이는 다양한 형태를 띤다. 국제적 수준으로는 상하이 자오퉁대학교의 "세계대학학술순위Academic Ranking of World Universities"(중국 대학들이 자체 발전도를 평가해 "탄탄한 학문적 연구"를 보완해 나갈 수 있도록 "국제적 기준점"을 중국 정부에 제공하기 위해 개발되었으며, 따라서 자연과학과 수학 분야의 출판물과 수상 여부에 90퍼센트 비중을 둔다)[27]와 《타임스 고등교육 부록Times Higher Education Supplement》의 "세계대학순위World University Rankings"(수업, 출판물과 표창장 수를 포함한 연구 실적, "국제적 전망" 등을 종합해 평가하려고 노력한다)가 있다. 미국 내에서 가장 영향력 있는 순위는 《US뉴스앤드월드리포트US News and World Report(USNWR)》의 대학 순위로, 《포브스》, 《뉴스위크》, 《프린스턴리뷰》, (품질과 합리적인 가격의 균형을 맞추려고 노력하는) 《키플링어Kiplinger》 등 다수의 매체와 경쟁을 벌인다. 이런 랭킹(영국에서는 "리그 테이블league table"이라 한다)은 대학 명성의 주요 원천이기 때문에 졸업생과 평의원회 위원들은 잠재적 기부자와 지망생들에게 자신의 대학이 높게 평가되기를 소망한다. 따라서 대학 순위를 유지하거나 올리는 것은 대학 총장과 고위 행정관리자들에게 우선 순위가 된다.[28] 실제로 미국의 일부 대학 총장들은 대학 순위가 올라갈 때 상여금을 받는다고 명시한 계약을 체결한다. 고위 행정관리자들도 마찬가지다. 대학 순위에 영향을 미치는 요소에는 입학생들의 성취도 점수도 포함되기 때문에 로스쿨 1곳 이상의 입학처장이 입학생들의 점수에 근거해 일부분 보상을 받았다.[29]

최근에 나는 미국의 한 중위권 대학이《더 크로니클 오브 하이어 에듀케이션The Chronicle of Higher Education》의 매 호에 전면 광고를 실어 교수진이 연구 중인 주요 문제를 홍보하는 것을 보고 의아했다.《크로니클》의 독자는 주로 학자와 대학 행정 직원들이기 때문에 특별히 돈도 많지 않은 대학이 이런 불필요해 보이는 광고 캠페인에 엄청난 지출을 하는 것을 보고 머리를 긁적였다. 그러던 중《USNWR》대학 순위의 결정 기준이 주로 대학 총장들의 설문 조사 결과라는 사실이 떠올랐다. 이 설문 조사는 각 대학 총장에게 다른 대학들의 명성을 고려해 순위를 매기도록 요청했는데, 대부분의 총장은 다른 대학의 발전 상황을 잘 알지 못하므로 그 판단 기준의 타당성이 의심되지 않을 수 없다. 결국, 이 광고 캠페인의 목표는 대학의 인지도를 제고해《USNWR》순위의 평판 요소를 끌어올리는 것이었다.

대학들은 교육기관으로서 이룩한 성과와 교수진의 업적을 홍보하는 고급 책자에도 어마어마한 돈을 지출한다. 이런 책자는 《USNWR》설문 조사 투표에 참여하는 다른 대학의 행정 직원들에게 발송된다. 하지만 대학들(을 비롯한 로스쿨 같은 산하 학교들)이 엄청난 비용을 쏟아부어 만드는 이런 마케팅 출판물이 실제로 효과를 낸다는 증거는 없다. 실제로 대부분의 책자는 수령 즉시 포장도 뜯기지 않은 채 휴지통으로 직행한다.[30]

수업이나 연구의 질 향상에 아무 도움이 되지 않는 이런 지출 외에도, 대학 순위가 갈수록 부각됨에 따라 고객 선별, 데이터의 생략 또는 왜곡을 통한 수치 개선 등의 방법을 이용한 새롭고 다양한 꼼수가 나타났다. 미국 로스쿨들을 대상으로 진행된 최근의 연구 조사에 몇 가지 예가 나와 있다. 《USNWR》의 로스쿨 순위는 정규 입학생들의 LSAT 점수와 평점을 기준으로 결정된다. 그래서 통계치를 개선하기 위해, 점수가 낮은 학생들을 "시간제" 또는 "가급제假及第" 기준으로 받아들이고 이 학생들의 점수를 통계에 포함시키지 않는다. 또한 편입생의 점수는 계산되지 않는 점을 이용해 많은 로스쿨 입학처에서는 순위가 낮은 학교 출신의 학생들이 1학년이 지난 후 편입을 하도록 권유한다. 교수 대비 학생의 비율이 낮은 점도 학교 점수에 기여한다. 하지만 이 비율은 가을 학기에 측정되기 때문에 로스쿨들은 교수들이 봄 학기에만 자리를 비우도록 독려한다.[31] 대학 순위 체계를 속이기 위한 이 같은 수법들은 결코 로스쿨에 국한되지 않으며 많은 단과대학과 종학대학에서도 비슷하게 나타난다.[32]

그런데 이런 수고들은 그만한 가치가 있는 것일까? 최근의 몇몇 연구에 따르면, 대학 순위의 작은 차이는 대학 행정처에서 생각하는 것만큼 입학률에 큰 영향을 미치지 않으며 순위를 올리기 위해 지출되는 자원은 실제 효과와 상응하지 않는다.[33] 만약 그렇다면 그 메시지가 아직 많은 대학 관계자의 귀에까지 들어가지 않은 것이다.

| 학문적 생산성 측정하기 |

일부 순위 결정기관과 정부 기관, 대학 행정관리자들은 대학 품질에 대한 판단을 표준화된 측정으로 대체하기 위해 소속 교수들이 발표한 학술 저작물의 수를 그 기준으로 삼았고, 그러한 정보를 집계하는 상용 데이터베이스를 이용해 이런 저작물의 수를 산정했다.[34] 하지만 정보를 표준화하는 과정에서 정보의 질이 저해되기도 한다.

우선, 이러한 데이터베이스는 신뢰할 수 없는 경우가 종종 있다는 문제가 있다. 이런 데이터베이스는 자연과학 분야에서 산출을 측정할 목적으로 설계되었기 때문에 인문과 사회과학 분야에서는 자주 왜곡된 정보를 제공한다. 또한 자연과학과 일부 행동과학 분야의 경우, 동료심사 학술지에 논문을 게재하는 형식으로 새로운 연구가 보급된다. 하지만 역사 같은 분야는 여전히 저서만큼 탁월한 연구 결과물이 없기 때문에 논문 발행 수를 측정하는 것은 왜곡된 그림을 보여준다. 문제는 여기서 끝나지 않는다.

개인 교수나 전체 학과가 논문의 형태이든, 책의 형태이든 저작물의 **수**로만 평가된다면 **더 좋은** 저작물보다는 **더 많은** 저작물을 발표해야 한다는 동기가 생긴다. 정말 중요한 책은 연구하고 저술하는 데 수년이 걸릴 수 있다. 하지만 인센티브 체계의 보상 기준이 산출의 속도와 양이 된다면 진정으로 의미 있는 연구물은 줄어들 여지가 크다. 이는 정확히 영국에서 연구실적평가가 시행됐을 때 발생했던 일이다. 결과적으로 재미도 없고 아무도 읽지 않는 어마어마한 양의 저작물이 탄생한 것이었다.[35] 이 문제는 인문학에 국한되지 않는다. 과학계에서도 오직 측정된 성과에만 의존하는 평가는 장기적인 연구 역량보다는 단기적인 저작물 발표에만 급급하게 만든다.[36]

다른 경우처럼 학계에서도, 측정의 대상은 꼼수의 대상이 된다. "영향력계수 측정"의 관행을 보자. 게재 논문이라고 다 똑같이 중요한 것은 아니라는 인식이 형성되자, 각 논문의 영향력을 측정하기 위한 기법들이 즉시 개발되었다. 그 형태는 구글 학술 검색Google Scholar이나 상용 데이터베이스에서 논문이 인용된 횟수를 계산하는 방법, 논문이 게재된 학술지의 "영향력계수"를 고려하는 방법, 두 가지였다. 영향력계수는 학술지에 실린 논문이 데이터베이스에서 인용된 빈도로 결정된다. (물론 이 방법으로는 다음 두 인용구 "측정지표의 횡포를 다방면에서 다룬 제리 멀러의 계몽적인 저서는 수많은 조직의 신성불가침 원리를 효과적으로 깨부순다"와 "제리 멀러의 장광설은 구성이 빈약해 모든 관리자와 사회과학자에게 무시받을 만하다"를 구별할 수 없다. 표 형식으로 나타낸 영향력의 관점에서 이 두 진술은 동등한 가치를 지닌다.) 학술지는 학문 분야별로 분류되었고, 대부분의 경우 저자의 분야에 속한 학술지에 실린 인용문만 계산되었다. 이 경우 (이 책처럼) 초학문적 관심사를 다룬 저작물은 누락되기 쉽기 때문에 이 또한 문제의 여지가 있었다.

뿐만 아니라 (1장에서 설명한) 캠벨의 법칙의 또 다른 예를 들자면, 일부 학자들은 인용 점수를 높이기 위해 비공식 인용 모임을 결성해 회원들끼리 서로의 저작물을 가능한 한 많이 인용하도록 규칙을 정했다. 또한 순위가 낮은 일부 학술지들은 일반적으로 인정되는 학술지의 저자들에게 논문에 추가 인용문을 포함하도록 요청해 "영향력 계수"를 높이고자 했다.[37]

그럼 저작물의 수와 저작물이 인용된 횟수, 논문이 게재된 학술지의 영향력 범위를 합산하는 방법을 제외하면 어떤 대안이 있을까? 그 답은 전문가의 판단이다. 대학 학과에서는 학과장 또는 소위원회가 교수진의 생산성을 평가할 수 있다. 학과장이나 소위원회는 필요할 때 다른 교수들과 상의하고, 자신의 노련한 지식을 활용하여 책이나 논문의 의의를 밝혀낸다. 재임이나 진급 같은 중대한 결정을 하는 경우에는 후보자의 전문 영역에서 활동하는 학자들에게 동료 심사의 더 정교한 형태인 비밀평가를 해달라고 부탁한다. 인용 데이터베이스에서 수집된 수치 데이터가 이 과정에서 도움이 될 수도 있지만, 이 수치 데이터의 가치를 평가하는 데에도 경험에 근거한 판단이 필요하다. 전문적인 경험에 기초한 이러한 판단은 표준화된 성과지표에 지나치게 의존할 때 여지없이 무시된다.[38] 과학적 순위의 용도와 오용을 연구한 어느 전문가의 말처럼, "개별 과학자의 생산성을 평가하는 저렴하고 비효율적인 방법으로서, 순위 체계가 너무도 자주 사용된다. 이 관행은 부정확한 평가를 낳을 뿐만 아니라 과학자들이 바람직한 학술 연구보다 높은 순위를 더 먼저 추구하도록 유혹한다. 논문의 가치 또는 개인 학자의 연구 결과물을 평가하는 더 좋은 방법은 바로 그 저작물을 읽는 것이다."[39]

| 순위의 가치와 한계 |

《USNWR》 등에서 매기는 공적 순위는 실제로 나름의 장점이 있다. 적어도 정보가 부족한 사람들에게는 여러 교육기관의 상대적 평판을 미리 알려주는 기능을 한다. 또한 단과대학과 종합대학이 잠재적 학생들에게 도움이 될 만한 정보(재등록률이나 졸업률)를 공개하도록 촉구하는 역할도 했다. 그러나 일반적으로 이런 순위 정보는 재등록률과 졸업률이 특별히 높거나 낮은 **이유**를 설명하지 못한다. 대학 준비도가 높은 학생들이 입학한 대학은 재등록률과 졸업률도 높을 가능성이 크다. 반면 준비가 부족한 학생들의 교육을 목표로 삼는 교육기관의 경우, "투명한" 측정지표상으로는 실패한 것처럼 보여도 입학한 학생들을 감안하면 상대적으로 성공한 것일 수 있다. 이런 학교의 학생들은 보충 강좌를 들어야 하고 학위를 취득할 가능성도 낮으며 취업 성적도 저조할 수 있다. 상대적으로 높은 재입원율 때문에 벌점을 받는 빈곤지역 병원의 경우처럼(9장에서 다룰 예정이다), 저소득층 학생의 입학률이 높은 대학 역시 자신의 사명으로 삼은 특정 인구층을 받아들인 결과로 징계를 받을 가능성이 높다. 순위는 대학이 그 측정 항목의 지수를 높이도록 동기를 자극한다. 측정되는 항목이 곧 관심의 대상이다. 결국 이로 인해 균일화가 초래되는데, 이는 대학들이 각자의 특별한 사명을 버리고 경쟁 상대를 닮아가려 하기 때문이다.[40]

대학 평가 점수: 스코어카드

미국의 측정지표 거점 가운데 중 하나는 연이어 대통령(공화당 및 민주당 소속) 산하에 있었던 교육부다. 오바마 대통령의 연임 시기에 교육부는 정교한 "중등과정 이후 교육기관 평가 시스템Postsecondary Institution Ratings System"개발에 착수했다. 이 시스템의 목적은 **모든** 단과대학과 종합대학에 점수를 매긴 후 그 데이터를 "성별, 인종 및 민족, 기타 변수"별로 분석해 그 평가에 따라 연방 기금을 지원하는 것이었고, 등급은 접근권, 가격 적정성, 그리고 졸업 후의 기대 소득 같은 결과에 초점을 맞추었다. 이에 대해 교육부 차관 테드 미첼Ted

Mitchell은 다음과 같이 말했다. "연방 학생 보조금을 받는 교육기관에서 학생들이 공부를 잘하고 있는지 일반 국민도 알아야 하며, 교육부에서도 그 투자와 우선순위를 평가할 때 이 성과를 고려해야 합니다. 또한 대학들이 저소득층 학생의 졸업률을 높이고 비용을 낮추는 등 가장 중요한 목표를 향해 나아갈 수 있도록 동인책을 마련해야 합니다."[41] 하지만 오바마 행정부의 종합 평가 계획은 대학과 의회의 반대에 부딪혔고, 결국 교육부는 골자만 남긴 형태인 "칼리지 스코어카드"를 구축해 2015년 9월에 공개했다.

이 스코어카드는 고등교육 제도의 실질적인 문제들을 해결하겠다는 좋은 의도에서 나온 것이었다. 급속하게 성장하고 있는 조리, 자동차 수리, 건강보조 분야의 경력 중심 교육을 제공하는 영리기관들의 형편없는 성적도 그러한 문제 중 하나였다. 이런 영리기관 중 일부(코린시안 칼리지와 ITT. 두 기관 모두 정부의 폐쇄 명령을 받았다)는 어느 기준으로 보나 포식성의 면모가 강했다. 정보력이 약한 잠재적 학생들을 먹잇감으로 삼아, 고수익 직업을 구할 수 있는 학위를 따게 해주겠다고 약속했던 것이다. 실제로 교육의 질은 엉망이었고 졸업생들은 취업 시장에서 고전을 면치 못했다. 게다가 교육부에서 영리기관의 금고로 흘러 들어간 수업료의 90퍼센트가량은 학자금 대출자가 갚아 나가야 하는 융자금이었다. 하지만 영리 부문의 최저선에서 나타난 진짜 문제에 맞서 교육부가 들고 나온 대응책은 **모든** 단과대학과 종합대학에 지대한 영향을 미칠 요구사항이었다.

정부의 책임성 측정지표 활성화를 옹호하는 사람들이 간과하는 사실은 단과대학과 종합대학의 교육비 증가 문제가 행정관리자 집단의 확대에서 일정 부분 기인하고 이 행정관리자 중 다수는 정부의 명령을 따르는 데 필요하다는 점이다. 이 새로운 계획안이 가져올 한 가지 예측 가능한 결과는 교수진의 수많은 시간이 수업과 연구보다 데이터 축적을 위한 양식 작성에 투입되고, 이 양식을 수집하고 데이터를 분석해 정부의 측정지표를 위한 원재료를 제공하는 행정관리자의 수가 늘어남에 따라 행정 비용이 늘어나게 되리라는 것이었다.

처음 계획안(중등과정 이후 교육기관 평가 시스템)에서 제시한 목표 중 어떤 것들은 상호 배타적이었고 또 어떤 것들은 그야말로 터무니없었다. 예를 들어, 대학 졸업률을 올린다는 목표는 접근권 확대와 상충했는데, 사회적 혜택을 받지 못한 학생들이 재정적으로 더 가난할 뿐 아니라 대학 준비도도 낮은 편이기 때문이다. 따라서 준비가 부족한 학생들에게 높은 접근권을 제공하는 지역 전문대학 같은 기관들은 낮은 졸업률로 벌점을 받게 될 것이다. 물론 이 기관들도 두 가지 방법을 통해 수치를 속이려고 했을 수 있다. 접근권을 포기하고 입학 기준을 올려 졸업 가능성을 높이거나, 교육의 질과 학위의 시장 가치를 포기하고 졸업 기준을 낮추는 방법이었다. 경제적·인지적·학업적으로 준비가 덜 된 학생들을 입학시킨 후 이 중 많은 학생이 졸업하도록 보장할 수는 있겠지만, 이는 엄청난 비용을 치러야만 가능한 일이며 교육부의 다른 목표인 교육비 억제와 상충했다.

단과대학과 종합대학이 제공해야 할 또 다른 측정지표는 학생들의 졸업 후 평균 소득이었다. 이는 장밋빛 미래를 약속하며 졸업생에게 자격이 의심되는 학위를 제공하는 직업 전문 영리기관이라면 말이 되는 얘기다. 하지만 대부분의 단과대학과 종합대학의 경우, 이 정보는 수집 비용이 많이 들 뿐 아니라 신뢰하기 힘들고 완전히 왜곡된 것이다. 우등생 중 다수는 이런저런 형태의 전문 교육을 계속 이어갈 것이고 따라서 교육을 받는 동안에는 소득이 낮을 것이기 때문이다. 결국 졸업 후 곧바로 월마트 안내 직원으로 취직하는 학생은 의과대학에 진학하는 학생보다 평가 점수가 더 높을 것이다. 어찌 됐든 보여줄 수치, 다시 말해 "책임성"이 있기 때문이다.

그 외에도 대학 교육비 상승이라는 더 광범위한 문제가 있다. 최근 들어 대학 등록금 상승률이 물가인상률을 훌쩍 뛰어넘고 있으며, 가격 적정성의 문제는 많은 주에서 주립대학의 재정 지원금을 삭감하는 추세로 돌아서면서 악화되었다. 대학의 가격 적정성 측면에서 가장 불투명한 요소는 실제 등록금으로, 이는 표시가와 정가의 격차 때문이다. 표시가는 수업과 숙식의 공식적인 비용이고, 정가는 경제적 필요나 학업적 혜택에 근거한 학자금 지원 내역을 보고한 후 학생과 학부모가 실제로 지불하는 금액이다. 그런데 이 두 가격의 차이가 종종 상당할 뿐 아니라 납득이 가지 않은 경우도 많다. 대체로 명문 학교는 돈이 많기 때문에 재학생의 교육비를 상당 부분 보조

해줄 수 있다. 따라서 경제적으로 어렵지만 장래가 유망한 학생에게는 명문 대학에 다니는 실제 비용이 명목상 더 저렴한 비명문 대학의 등록금보다 더 적을 수 있다. 대학 순위와 마찬가지로, 그러한 정보가 담겨 있지 않은 한 칼리지 스코어카드는 실질적인 도움이 되지 않는다.

칼리지 스코어카드는 학생과 학부모가 "교육비에서 최대한 본전을 뽑을 수 있도록" 한다는 오바마의 선언 목표에 맞춰 세 가지 측정 지표, 즉 졸업률, 평균 연비용, 졸업 직후가 아닌 대학 입학 후 10년간 측정되는 "입학 후 임금"을 강조했다.[42] 이러한 수치는 연방 보조금을 받은 학생의 데이터만 포함한다는 점, 따라서 그 결과가 경제적 배경이 부족한 학생에게만 적용된다는 점에서 문제가 많았다. 부유한 학생들의 소득이 더 높을 가능성이 많기 때문에,[43] 대학마다 지향하는 바가 달라도 전교생의 출신 배경을 어떻게 조합하느냐에 따라 이 임금 수치가 편향되기도 한다. 하지만 이보다 더 걱정스러운 점은 스코어카드상에서 "가족의 수입과 학생의 시험 점수 또는 대학 학위의 수준에 근거해 구할 수 있을 만한 직업의 소득에서 학교의 기여도를 따로 구분해내기가 어렵다"는 것이다.[44] 하지만 대학의 산출 결과는 투입과 큰 관련이 있다. 즉, 입학 당시 학업 능력이 높은 학생(부모의 교육적 성취도나 수입 수준이 높은 경우가 많다)은 대학 성과에 대한 표준화된 평가에서도 높은 점수를 받을 가능성이 크다.[45] 브루킹스 연구소Brookings Institution는 이 장애물을 극복하기 위해 추가 정보를 이용해 "부가 가치"를 계산하고자 했다. 여기서 부가 가치란 학생들의 배경에 대한 이용 가능한 데이터를 고려할 때 각 대학의 기여로 발생한 수입 증가를 의미한다. 부디 그러한 측정지표가 "학생들이 고수익 직업을 얻는 데 대학이 얼마나 기여하는지 알고 싶은 많은 사람에게 도움이 되기를" 바라는 마음이다.

측정지표가 전하는 메시지: 대학은 돈을 벌기 위해 가는 곳이다

이러한 측정지표의 정확도와 신뢰도 문제는 일단 제쳐두고 좀 더 중요한 문제, 즉 측정지표 자체가 전달하는 메시지에 대해 살펴보자. 칼리지 스코어카드는 순수하게 경제적 관점에서만 대학 교육을 다루기 때문에 그 유일한 관심은 투자 수익률이고 이것은 대학에 드는 금전적 비용과 학위 취득으로 궁극적으로 얻게 될 소득 증가의 관계로 결정된다. 물론 이런 요소들을 고려하는 것은 타당하다. 대학에 드는 비용은 가족의 수입에서 점점 더 많은 비중을 잡아먹거나 학생이 빚을 지게 만든다. 또한 생계를 꾸리는 일은 인생에서 가장 중요한 과업 중 하나다.

하지만 생계는 인생의 **유일한** 과업이 아닐 뿐 아니라 대학 교육을 순수하게 소득 향상 기능의 관점에서만 평가하는 빈곤한 구상이다.[46] 그럼에도 다른 측정지표들처럼, 비용은 칼리지 스코어카드가 구현하고 장려하는 교육의 이상이다. 생산과 생존을 중시하는 **훈련**과 생존을 의미 있게 만드는 데 의미를 두는 **교육**을 구별한다면, 스코어카드는 전적으로 전자에 해당한다.[47] 실제로 스코어카드와 브루킹스 시스템은 생산의 재료인 공학과 기술 교육에 중점을 둔 기관을 높이 평가하는 경향이 있다. 미술 작품을 역사적 맥락에서 이해하도록 도와주는 미술사 강의, 교향곡의 테마와 변주 또는 표준 음조의 재즈 연주를 알아들을 수 있도록 훈련하는 음악 강의, 시에 대한 깊은 감상을 돕는 문학 강의, 주요 경제제도를 배울 수 있는 경제학 강의, 놀라운 인체의 구조에 눈을 뜨게 해주는 생물학 강의 등에서 얻을 수 있는 평생의 만족감 같은 것은 투자 수익률의 측정지표에 전혀 반영되지 않는다. 우정의 가장 중요한 형태인 결혼을 포함해, 평생의 우정이 형성되는 곳이 대학이라는 사실도 측정지표에서는 확인할 수 없다. "투자 수익률"을 고려할 때 이런 요소들도 생각해야 하지만, 계량화의 관점에서 측정이 불가능하기 때문에 포함되지 않는다.

오직 금전적인 투자 수익률에만 초점을 맞춘 측정지표는 수많은 측정지표처럼 행동에 영향을 미친다는 위험을 안고 있다. 이미 최상위권 대학들은 상당 비율의 졸업생을 수익성이 뛰어난 기업금융, 컨설팅, 고급 로펌 쪽으로 보내고 있다.[48] 이 직업들도 명예롭긴 하지만, 장래가 촉망되는 똑똑한 사람들을 이쪽 분야로 인도하는 것이 정말 국가에 최선의 이익이 될까? 장래 수입에 비중을 두고 대학 순위를 정할 때 나타날 수 있는 한 가지 예측 가능한 결과는 교육기관이 학생들을 고수익이 보장되는 분야로 눈을 돌리게 유인한다는 것이다. 졸업생들이 교사나 공공 서비스처럼 수익성이 낮은 분야로 진출하는 교육기관에는 벌점이 부과될 것이다.[49]

자본주의 사회의 번영은 금전적 소득에 초점을 맞추고 시장의 평형추 역할을 하는 다양한 교육기관에 달려 있다. 대학의 올바른 역할은 학생들을 시민이자 친구, 배우자로서 준비시키고, 무엇보다도 지적으로 충만한 인생을 살 수 있는 여건을 갖춰주는 것이다. 시장성이 좋은 기술을 가르치는 것 또한 올바른 역할이지만, 고등교육의 기능을 장래 소득 높이기에만 국한시키는 것은 비뚤비뚤한 자로 측정하는 것과 같다.

초·중등교육

유치원부터 12학년까지의(K-12) 교육과 관련된 정부 정책에서는 이런 측정 가능한 결과를 그 어느 부문보다 중점적으로 다룬다. 교육역사가(이자 전 교육부 관리)인 다이앤 래비치의 말을 빌리자면, "주지사와 기업 간부들, 그리고 부시 1기 행정부와 클린턴 행정부는 자신들이 측정 가능한 결과물을 원했고, 공교육에 투입된 세금이 제대로 수익을 내고 있는지 알고 싶었다고 인정했다."[1] 공공 부문에서 측정지표라는 경마 쇼는 "낙제학생방지법NCLB"으로 변신했다. 2001년, 조지 부시 정권 하에서 초당적인 지지를 받아 제정된 이 주요 법의 공식 제목은 "한 아이도 뒤처지지 않도록 책임성과 유연성, 선택권으로 학력의 차를 메우는 법"이었다.

| 문제점과 의도된 해결책 |

낙제학생방지법NCLB은 학군 간 정부 지출을 균등화하려는 전 국가적인 노력에도 불구하고 인종 집단 간 학교 성과 격차가 좀처럼 줄어들지 않는 문제를 해결할 목적으로 제정되었다. 이 개혁의 지지자들은 낙제학생방지법이 교사와 교장의 낮은 책임성에 대응하고, 교사와 학생의 행동을 "시스템상의 성과 목표"에 맞춤으로써 결과를 개선할 유인책을 마련해줄 것이라고 주장했다.[2] 공립학교 교사들의 전문성 부족이 문제의 원인으로 간주되었다.

낙제학생방지법은 이례적일 정도로 이질적인 집단들, 즉 노동력의 질에 관심이 많은 비즈니스 집단, 집단 간 성과 격차로 고민하는 시민단체, 공립학교의 교육적 패인에 괴로워하며 국가 차원의 기준과 시험, 평가를 요구한 교육개혁자 집단 등이 연합해 10년 넘게 치열한 로비 활동을 펼친 끝에 탄생한 것이었다.[3] 이러한 조치가 가져올 혜택은 마치 유토피아처럼 부풀려 선전되었다. 전미비즈니스연합National Alliance of Business(NAB)의 윌리엄 콜버그William Kolberg는 "평가와 결합한 국가 표준의 시스템이 확립되면 모든 학생이 일반 학군에서도 세계적인 수준으로 읽고 쓰고 계산하고 실력을 발휘할 수 있는 확실한 역량을 갖춘 채 의무 교육을 마칠 수 있게 될 것"이라고 주장했다.[4]

연방 차원에서 이러한 노력이 첫 결실을 맺은 것은 1994년 클린턴 대통령 집권 하에 채택된 학교개선법Improving America's Schools Act(ISIA)이었다. 당시 텍사스에서는 주지사 조지 워커 부시가 의무 시험과 교육적 책임성의 대변자로 나섰다. 부시의 대통령 임기 초기에 시행된 NCLB에 따라 각 주에서는 매년 모든 3~8학년 학생에게 수학, 읽기, 과학 시험을 치르게 했다. 이 법의 목적은 2014년까지 모든 학생이 "학업 능숙도"를 갖추게 하고, 각 학교의 각 학생 그룹(비교 평가를 위해 선발된 흑인과 히스패닉계 포함)이 매년 능숙도 면에서 "적정 수준의 연간 성과"를 내도록 보장하는 것이었다. 따라서 지정된 학생 그룹이 충분한 성과를 내지 못하는 학교에는 일련의 처벌과 제재를 강화하는 조치가 취해졌다. 에드워드 케네디 상원의원이 공동 발의한 이 법안은 연방의 힘이 교육에까지 미치는 데 반감을 가진 보수적인 공화당원 및 일부 진보적인 민주당원들의 반대에도 불구하고 공화당과 민주당의 지지를 업고 국회 양원에서 모두 통과되었다.[5]

하지만 시행 10년이 지난 지금에도, NCLB의 책임성 조항이 말하는 혜택들은 여전히 규정하기가 어렵다. (학교 선택권 확대, 자율형 공립학교인 차터 스쿨의 창설, 교사의 자질 향상 등을 촉구한 NCLB의 다른 측면들은 비교적 성공을 거둔 것처럼 보이지만, 우리가 다루는 주제의 범위를 벗어난다.) NCLB 지지자들은 이 법의 효과성을 입증하기 위해 인구 집단, 학년, 시험 종류를 가리지 않고 조금이라도 개선된 점이 있으면 이 법의 효과성을 입증하는 증거로 사용하려고 한다. 하지만 초등학생들의 시험 점수는 약간만 오른 정도로, 이는 법의 시행 전과 별반 다르지 않은 향상 속도였다. 게다가 고등학생들의 시험 점수에 미치는 효과는 훨씬 더 미미했다.

NCLB의 주요 영향은 "학력 차", 다시 말해 아시아인, 백인, 흑인, 히스패닉계 학생 간에 나타나는 학업 성취도의 격차에 이목을 크게 집중시킨 것이었다.[6] 대체로 아시아인은 백인보다 성적이 높았고, 백인은 흑인이나 히스패닉계보다 성적이 높았다. 여기서 가장 두드러진 특징은 아프리카계 미국인 학생들의 결핍이 여전하다는 점이었다. NCLB 도입 8년이 지난 후에도 이 학생들의 상대적인 점수는 변하지 않았다. 17세를 위한 영어 및 수학 전국교육성취도평가 같은 국가 시험의 평균 점수는 1970년대부터 2008년까지 사실상 변함이 없었다. 실제로 각 그룹(아시아인, 백인, 흑인, 히스패닉계)의 점수는 약간 올랐지만, 인종 구성의 변화 때문에(아시아인, 백인 학생들보다 대체로 점수가 낮은 히스패닉계 학생들의 비율이 특히 증가했다) 전국 평균 점수는 변동이 없었다.[7]

의도하지 않은 결과

NCLB의 시험 및 책임성 제도가 초래한 의도치 않은 결과는 명백할 뿐 아니라, 측정 강박을 대표하는 많은 위험을 예시로써 보여준다. NCLB에 따라, 표준화된 시험의 점수는 성공과 실패를 가늠하는 수치적 측정지표다. 그리고 임금 인상과 밥줄이 이 성과지표에 달려 있는 교사와 교장은 잃을 것이 많다. 그러니 교사들이 (교장의 독려로) 수업 시간에 수학과 영어 같은 시험 과목을 가르치고 역사, 사회, 미술, 음악, 체육 같은 과목은 다루지 않은 것도 전혀 놀랄 일이 아니다. 수학과 영어 수업은 폭넓은 인지 과정보다 시험에 필요한 기술을 가르치는 것으로 한정된다. 다시 말해, 학생들이 배우는 것은 실질적인 지식보다 시험 전략이다. HBO 드라마 시리즈 〈더 와이어〉에서 그린 것처럼, 상당량의 수업 시간이 학생들에게 자극의 원천이 되기 힘든 시험 준비에 쓰인다. 영어 수업을 받는 학생들은 짧은 지문을 읽고 선다형과 단답형 문제를 푸는 훈련을 하기 때문에 매슈 아널드가 한 세기 반 전에 예측한 것처럼, 긴 지문을 읽거나 장문의 에세이를 쓰는 능력이 더 떨어진다.[8]

표준화된 시험을 사용하는 것이 문제는 아니다. 이런 시험도 잘 개선하면 학생의 능력과 발전 정도를 가늠하는 유용한 수단이 될 수 있다. 해마다 학생의 성취도 변화를 측정하는 부가 가치 시험은 실제로 유용하다. 실력이 부족한 교사를 집어내어 교육계를 떠나도록 하는 데 일조했다.[9] 더 중요하게는, 교사 스스로 커리큘럼의 효과적인 측면과 그렇지 않은 면을 찾아내는 진단 도구로서 사용할 수 있다. 하지만 부가 가치 시험이 가장 큰 효과를 발휘하는 때는 "이해관계가 얽혀 있지 않을" 때다.[10] 학교를 평가하는 주요 기준으로서 왜곡된 동기 유인(교육기관의 더 높은 목표를 포기하고 시험 자체에 초점을 맞추는 것 등)을 만들어내는 이 같은 시험은 이 점에 역점을 두어야 한다.

이해관계가 얽힌 시험은 고객 선별 같은 다른 역기능도 초래한다. 텍사스와 플로리다에 소재한 학교들을 대상으로 진행한 연구들에 따르면, 열등생들을 장애 학생으로 재분류해 평가군에서 제외하는 방법으로 평균 성취도 수준을 올렸다.[11] 또는 교사가 학생의 답안을 바꾸거나 성적이 낮을 것 같은 학생들의 시험을 과감히 포기하는 식의 철저한 편법을 썼는데, 이 같은 현상은 애틀랜타, 시카고, 클리블랜드, 댈러스, 휴스턴, 워싱턴 DC 같은 도시에서도 벌어지고 있다는 증거가 많다.[12] 또는 시장과 주지사들이 해당 지역의 교육개혁 성공을 증명해 보이기 위해 시험의 난이도를 낮추거나 시험 통과에 필요한 등급을 내리는 등 규칙을 바꿔 합격률을 높인다.[13]

(1장에서 설명한) 캠벨의 법칙이 예견한 것처럼, 표준화된 시험을 이용한 성과 측정의 강조는 시험 자체의 예측 타당도를 훼손하는 왜곡된 결과를 초래한다. 성취 시험의 목적은 학생이 일반 교육에서 습득한 지식과 능력을 평가하는 것이다. 그러지 않고 학생의 시험 성적을 높이는 데 교육의 초점을 두게 된다면 시험은 애초의 평가 목적을 측정하지 못한다. 예를 들어, 수업 내용이 (기출 문제 등을 사용해) 시험 문제와 비슷한 선다형 문제를 연습하는 것으로 바뀌면 학생들의 시험 점수는 올라갈지 모르지만, 그 시험 과목에 대한 충

분한 지식을 습득하기는 어려워진다.[14]

NCLB가 채택되기 불과 몇 년 전에 영국 정부는 학교 체제에 적용할 자체 측정지표 평가 시스템을 채택했다. 2008년, 그 시스템을 살펴본 한 의회 위원회는 미국에서 발생한 것과 동일한 역기능을 다수 발견했다.[15]

| 데이터에 대한 집중 투자 |

NCLB의 시험 및 책임성 제도에 수반된 위험에도 불구하고, 오바마 행정부의 교육부는 K-12 교육 부문의 책임성과 측정지표에 집중 투자했다. 2009년에 교육부가 도입한 "최고를 향한 경쟁Race to the Top" 프로그램은 미국 경제부흥 및 재투자법American Recovery and Reinvestment Act의 기금을 사용해 각 주가 "대학 및 경력 준비도 기준과 평가를 채택하고, 학생의 성장과 성공을 측정하기 위한 데이터 시스템을 구축하며, 학생의 성취도에 따라 교사와 행정관리자를 평가하도록" 유도했다.[16] NCLB가 전체 학교의 성과를 측정하는 데 초점을 두었다면, "최고를 향한 경쟁"은 성과 측정지표를 개인 교사에까지 확대한 것이었다. 이에 따라 이 측정 의제를 채택하고자 하는 주와 학군에는 기금이 제공되었다. 이제 교사들에 대한 보상은 학생 성취도의 측정 가능한 변화, 즉 "부가 가치 점수" 또는 "학생의 발전 정도"를 기준으로 이루어졌다. 학생들의 점수는 교사가 통제할 수 없는 많은 외부 요소에 달려 있기 때문에 교사의 책임이 아니라는 인식이 강했다. 하지만 학생들이 1년 동안 배운 지식의 양에는 교사의 책임이 따랐다. 그런 생각에 따라, 학년 초와 말에 학생들에게 시험을 치르게 한 뒤 (인종이나 가족 배경 같은 위험 인자에 따라 조정되긴 했지만) "부가 가치"를 찾아내고 그에 맞게 교사에게 보상을 해주었다. 일부 주에서는 부가 가치 점수가 교사 평가 점수의 절반을 차지했다. "최고를 향한 경쟁" 프로그램에 따라 교사 평가에 필요한 데이터를 생성하려면 또다시 시험 및 평가 시스템의 대대적인 확장이 필요했다.[17]

교사들에 대한 부가 가치 성과 측정지표가 채택되는 데에는 경제학자들의 연구 결과가 큰 몫을 했다. 실제로 초창기 측정지표들을 보면, 일부 교사들은 다른 교사들보다 실력이 좋았고 이런 교사에게 배정된 학생들은 학업 능력이 크게 발전했다. 일부 경제학자들은 이 얼마 안 되는 측정지표만을 가지고, 가난한 아이들을 상위 15퍼센트 교사들에게 맡기거나 또는 하위 25퍼센트의 1년차 교사들을 해고하면 학력차를 메울 수 있을 것이라고 결론지었다. 그러나 시간이 흐를수록 연간 부가 가치 이득은 사라진다는 사실이 분명해졌다.[18]

성과지표의 배신

| 성과급 |

"최고를 향한 경쟁"을 초래한 논리는 다른 영역에도 영향을 주었다. 이 논리에 자극을 받은 학군들은 교사들에게 부가 가치 측정지표에 근거해 상여금을 지급하는, 자체 성과급 제도를 실험했다. 그 결과는 실망스러웠다. 뉴욕시에서는 2007년부터 2009년까지 교사에게 성과에 따른 인센티브를 지급하는 대규모 실험을 했는데, 이 실험을 연구한 경제학자 롤런드 프라이어Roland Fryer는 "교사 인센티브가 학생의 성적이나 출석률 또는 졸업률을 높인다는 증거는 전혀 없으며 (…) 인센티브가 학생이나 교사의 행동 변화를 이끌어낸다는 증거 또한 전혀 없다"고 결론지었다.[19] 밴더빌트대학교의 전미성과인센티브센터National Center on Performance Incentives에서 수행한 2011년 연구 결과도 마찬가지였다. 내슈빌 교사들에게 부가 가치 평가에 기반한 상여금을 제공했지만, 눈에 띄는 효과가 전혀 나타나지 않았다.[20] 1980년대에 진행된 초창기 연구들 역시 이미 동일한 결론을 내린 상태였다. 그러한 증거에도 불구하고 성과급에 대한 믿음은 맹신에 가깝기 때문에 지속적으로 그 부적절성을 밝혀내야 한다.[21]

성과급 제도로 성과를 이끌어내는 데 실패했음에도, 연방 정부는 아랑곳하지 않고 전례없이 많은 자원을 이 같은 노력에 쏟아부었다. 일례로, 2010년 교육부는 27개 주에서 62개 프로그램을 선정해 5년간 교원인센티브기금Teacher Incentive Fund에서 12억 달러를 지원받게

했다. 이러한 노력은 미국에서만 이루어지지 않는다. 영국, 포르투갈, 오스트레일리아, 칠레, 멕시코, 이스라엘, 인도에서도 측정된 성과에 따라 교사의 임금 인상과 재임, 승진을 결정하는 유사한 제도들이 시행되었다.[22]

| 좁혀지지 않는 "학력 차" |

미국 교육 분야에서 시행되는 다양한 측정지표의 옹호자들이 크게 우려하는 것은 아마도 인종 또는 민족 집단 간 교육 수준의 격차일 것이다. 이런 우려는 "낙제학생방지법NCLB"과 그 이전 모델들이 나오게 된 주요 동인이었을 뿐 아니라, 오바마 행정부의 교육부 정책, 그리고 재가된 NCLB 개정안으로 2015년 말에 통과된 "모든아이성공법Every Student Succeeds Act"의 핵심이 되었다. ("낙제학생방지" 또는 "이라크해방작전Operation Iraqi Freedom"과 마찬가지로, 이 법안의 명칭은 비현실적인 희망을 표현했다.) 그 같은 우려는 연방 수준에 국한되지 않는다. 이는 많은 주와 수많은 지방자치제 당국의 교육 정책에 지대한 영향을 미치고, 사범대학의 의제를 지배한다. 학교들은 점점 더 "격차를 좁히는 공장"으로 인식된다.[23]

하지만 놀라운 점은 몇십 년에 걸친 측정지표의 수집과 홍보에도 결과는 조금도 바뀌지 않았다는 사실이다. 백인 대 흑인과 히스패닉계의 순위는 신기할 정도로 변함이 없다. 4학년과 8학년 측정에서는 미세한 변동이 있었지만 궁극적으로는, 그러니까 고등학교가 끝나는 12학년의 측정지표에서는 거의 변화가 없다.

미국 전역의 학생들은 4학년, 8학년, 12학년 때 읽기와 수학 시험을 치른다. 바로 전국교육성취도평가NAEP 시험이다. 전문가들은 이 시험을 비교적 신뢰할 수 있는 성과의 지표로 여기는데, 다른 시험들과 달리 "큰 이해관계가 얽혀 있지 않기" 때문이다. 다시 말해서, 학생이나 교사, 학교의 운명이 시험 결과에 좌우되지 않기 때문에 교사들이 시험군에서 최상위 부분만 취하거나 시험 위주의 수업을 하거나 결과를 조작할 동기가 낮다. 전미교육통계센터National Center for Educational Statistics에서는 매년 아시아인, 백인, 히스패닉계, 흑인 (각 집단의 하위집단까지 포함한다)의 상대적 성취도 비율을 시기별로 평가하는 "인종 및 민족 집단별 교육 성취도의 현황 및 동향Status and Trends in the Educational Achievement of Racial and Ethnic Groups"보고서를 발표한다.

그 발표 결과는 많은 것을 말해준다. 12학년에 시험을 치른 학생들의 경우, 백인과 히스패닉계 간 읽기 성취도 격차는 2013년이나 1992년이나 별반 다르지 않았다(2013년 평균 점수는 500점 만점 중 288점이었고, 두 집단의 점수 차는 22점이었다). 백인과 흑인 간 점수 격차는 1992년(24점)보다 2013년(30점)에 더 **컸다**. 수학의 경우 2005년, 2009년, 2013년 당시 각 집단의 상대적 성적을 비교했는데, 백인과

혹인/히스패닉계 학생 간 점수 격차는 여전히 변함이 없는 것으로 나타났다.[24]

학교에서 상대적인 학력 수준을 바꾸지 못하는 것은 놀라운 일이 아니다. 적어도 존슨 행정부 때 콜먼 보고서 "교육 기회의 균등Equal Educational Opportunity"(1966) 연구가 진행된 이후로, 학교의 산출 결과는 투입에 크게 의존하는 것으로, 즉 학생의 성적이 부모의 사회적·경제적·교육적 수준과 밀접한 관련이 있는 것으로 알려졌다.[25] "명문 학교"의 학생들은 대체로 똑똑하고 호기심이 많으며 자제심이 강하고, 이 학생들의 부모 역시 상대적으로 똑똑하고 호기심과 자제력이 강한 사람들인 경우가 많다. 이 같은 자질은 성공에 도움이 되는 데다 가족에게 물려받는 경우가 많기 때문에, 성공한 부모일수록 자녀의 학업 잠재력이 클 가능성이 높다.

따라서 학교 교육의 일반적인 개선책은 결과의 평등 제고로 이어지지 않는다. 정치학자 에드워드 밴필드Edward Banfield가 한 세대 전에 언급한 것처럼, "**모든** 교육은 중상류층 아이에게 유리하다. 중상류층이 된다는 것은 특별히 교육이 가능한 자질을 갖춘다는 의미이기 때문이다." 학교의 질을 개선하면 전반적인 교육의 결과는 나아질지 몰라도, 인적 자본 수준이 서로 다른 아이들 간 성취도 격차는 줄어들지 않고 오히려 늘어나는 경향이 있다.[26]

이 같은 결과들을 종합하면 성취도 격차는 교육으로 좁힐 수 없으며 그 이유는 학교 밖에 있다는 결론이 나온다. 그럼에도 측정 행위는 조금도 수그러들지 않는다. 밴필드가 지적한 것처럼, 이는 아마도 어떤 문제를 해결할 수 없다는 생각 자체를 도덕적으로 용납할 수 없는 미국인이 많기 때문일 것이다.[27] 학업 성취도 격차의 경우, **결과**의 진전 정도를 식별할 수 없을 때는 지속적인 **측정**에 투입된 자원 자체가 도덕적 진정성의 표시로 여겨지는 듯하다.

| 격차 좁히기 시도 비용 |

물론, 영어와 수학 학력고사 점수로 K-12 교육의 모든 혜택을 측정하기는 어렵다. 이는 전국교육성취도평가NAEP 점수가 왜곡되거나 사소하기 때문이 아니다. 이러한 시험은 **분명** 시험 과목에 대한 학생의 지식 수준을 가늠하는 유용한 측정수단이다. 하지만 학교의 기능은 영어와 수학 학습에 국한되지 않는다. 다른 학과목도 배워야 할 뿐 아니라 세상에 대한 흥미도 키우고 성인이 됐을 때 성공 가능성을 높여줄 습관(자제력, 끈기, 협동심)도 배양해야 한다. 이런 비인지적 자질들은 시험 점수에 근거한 성과 측정지표에 반영되지 않고도 교실과 학교에서 계발할 수 있을 것이다.[28]

실제로, 유치원 때부터 일찌감치 영어와 수학 시험을 치르게 하는 정책은 창조적인 놀이와 미술 같은 학업 외 활동을 희생시킬 수 있다. 이런 활동들은 개인적인 계발에 도움은 되지만 쉽게 측정되지는 않기 때문이다.[29] 또한 학생들을 실력이 뛰어난 교사에게 배정하면 학업 성취도가 올라갈 수는 있지만, 이런 이점은 시간이 흐를수록 희미해지는 경향이 있다. 반면 비인지적 이점은 오랫동안 지속되는 듯 보인다.[30] 인성 발달은 무엇보다 중요하기 때문에 일부 입법기관에서는 책임성 시스템에 인성 측정항목도 포함하고자 애썼다![31]

따라서 측정지표를 이용해 학교를 격차를 좁히는 공장으로 변신시키는 데 드는 대가는 금전적인 측면에 국한되지 않는다. 성적이 낮은 그룹의 읽기와 수학 점수를 향상시키는 데 관심이 집중됨에 따라 역사와 윤리, 사회를 교육한다는 학교의 더 큰 사명은 무시된다. 또한 성취도가 낮은 학생에게만 효과적인 교수법(수업일 연장과 짧은 여름방학 등)이 다른 학생들에게까지 확대되어 역효과를 낳을 수 있다. 장차 국가의 경제적 성과를 책임지게 될 영재 학생들의 입장에서는 학습 효과를 극대화하는 데 쓰여야 할 자원이 엉뚱한 데로 새게 된다.[32]

성취도 격차를 측정하고 그 격차를 좁히라는 압박은 이 외에도 골치 아픈 문제들을 안겨준다. 그중 하나는 교사와 학교에 애초에 능력 밖인 의무를 쥐어주고 성과를 내지 못한다고 다그치고 이들의 한계와 별 상관이 없는 이유들 때문에 비난을 퍼붓는 것이다. NCLB와 "최고를 향한 경쟁" 같은 프로그램들의 논리는 성취도 격차를 좁힐 힘도, 능력도 없는 사람들에게 그 책임을 지운다. 교사들에게는 그것 자체도 사기 저하의 원인이다. 거기에다 교사들에게는 교육의 다

성과지표의 배신

양한 목표를 추구할 것인지 아니면 시험 위주의 수업을 할 것인지, 그리고 전반적인 직업적 소명을 따를 것인지 아니면 보수의 결정 기준이 되는 제한된 기준을 고수할 것인지 같은 딜레마가 주어진다. 어느 쪽을 선택하든 지는 싸움인 것이다. 그뿐만이 아니다. 많은 교사들은 시험 및 책임성 측정 문화에서 창출된 제도가 자율성, 그리고 커리큘럼을 설계하고 실천하는 데 재량권 및 창조성을 활용할 능력을 빼앗아간다고 인식한다. 그 결과, 숙련된 교사들의 퇴직이 줄을 이었고 뜻있는 교사들은 공립학교에서 나와 책임성 측정 제도에 구속되지 않는 사립학교로 가려는 움직임을 보였다.[33]

그러므로 성과 측정에 따른 보상을 통해 성취도 격차를 좁히자고 주장하는 사람들의 자축은 아이들의 교육에 실제로 참여하는 이들이 희생한 대가다. 측정될 수 있는 항목이라고 해서 다 개선되는 것은 아니다. 적어도 측정으로는 불가능하다.

의료

측정지표가 가장 큰 인기몰이를 하는 곳은 바로 의료 분야다. 여기보다 측정지표의 앞날이 기대되는 분야는 없을 것이다. 무엇보다 이곳에는 많은 이해관계가 얽혀 있다.

하지만 여기서도 측정지표는 여러 가지 역할을 하며, 그중 일부는 무척 유용하고 일부는 그 가치가 의심스럽다.

측정지표의 한 가지 역할은 정보 제공과 진단이다. 다양한 방법과 절차를 추적한 뒤 그 결과들을 비교하는 과정은 어떤 방법이 가장 효과적인지 알려준다. 그럼 다른 사람들도 그 효과적인 방법과 절차를 따를 수 있다.

또 다른 역할은 측정지표의 공개적인 보고를 통해 소비자에게 투명성을 보장하는 것이다. 이는 서비스 제공자 간 비교와 경쟁을 위한 기준이 된다.

이외에도, 측정지표는 책임성의 정도에 따라 금전적인 보상이나 처벌이 따르는 성과급의 기준으로도 사용된다. 의료 분야의 측정지표 도입을 지지하는 사람들은 제각기 다른 이 역할들을 한달음에 논의하려고 한다.

최근 몇십 년 동안 안전과 효과성을 제고하고 비용을 억제하기 위해 측정지표를 사용해야 한다는 요구가 커졌다.

비용 통제에 대한 재정적 압박

측정지표를 이용해 비용을 통제하라는 촉구는 사방에서 일었고 그 동기도 다양하다. 수년간 의료비가 국민 소득보다 더 빠르게 상승했고, 적어도 향후 10년간은 이 추세가 지속될 것으로 예상된다. 2014년에 미국 경제의 17.5퍼센트를 차지했던 보건 분야는 2025년에는 20.1퍼센트에 이를 것으로 전망된다. 거기에는 몇 가지 타당한 이유가 있다. 보건 비용은 경제학자들이 소위 말하는 "사치품"으로, 부유한 사람일수록 거기에 더 많은 돈을 쓰려고 한다. 또한 베이비붐 세대가 노년기를 맞으면서 대규모 특정 인구집단이 의료비 절정기에 접어들고 있다. 거기에다, 특수의약품을 더 많이 이용할 수 있게 되었고 약값도 빠르게 상승하고 있다. 부담적정보험법Affordable Care Act의 채택은 미국 정부의 보건 지출비가 어느 때보다 더 높아질 것이라는 사실을 의미했다. 연방 정부와 주 정부, 지방 정부가 지출하는 총 의료비 비중은 2025년에 47퍼센트까지 치솟을 것으로 예상된다.[1]

갈수록 늘어나는 보건비 때문에 민간 보험사와 정부 보험기관(영국의 국립보건서비스NHS, 미국의 메디케어, 메디케이드, 재향군인관리국Veterans Administration)은 의사와 병원에 환급률을 낮추고 결과를 개선하도록 압력을 넣었다. 비용을 통제하라는 요구가 거세짐과 동시에, 전자보건기록이라는 새로운 기술의 등장으로 의료 데이터 수집이 이전보다 쉬워지면서 이 데이터를 이용해 문제를 식별하려는 유혹이 생겨났다. 그 결과, 공개 보고와 성과급이 크게 확대되었는데 이 두 가지 모두 미국을 비롯한 여러 국가에서 보건의료시스템의 병폐를 도려내기 위한 치료제로 여겨졌다. 문제는 없지 않다. 제3자 납부자는 보험사를 이용하든, 메디케이드나 메디케어 같은 정부 기관을 이용하든 의사와 병원이 효과적이고 비용 효율적인 방법으로 서비스를 제공하고 있다는 신뢰할 만한 증거가 필요하다. 하지만 공개 보고와 성과급이라는 치료제는 때때로 그 치료 대상인 질병만큼이나 유해한 것으로 드러났다.

| 미국 의료시스템의 순위 |

하지만 치료제로 알려진 이 처방들을 들여다보기에 앞서, 미국 보건의료시스템을 특징짓는 데 사용되는 가장 영향력 있는 성과 측정지표를 살펴볼 가치가 있다. 책임성 제고 및 측정에 따른 성과급의 필요성에 대한 증거로서 자주 인용되는 이 측정지표는 세계보건기구WHO의 "세계 건강 보고서 2000"에 나온 것으로, 이 보고서는 미국의 보건의료시스템 순위를 세계 37위로 매기며 다음과 같이 명시했다. "무시할 수 없는 사실은 (…) 미국의 1인당 보건의료 비용은 1위였지만 유아 사망률은 39위, 성인 여성 사망률은 43위, 성인 남성 사망률은 42위, 기대 수명은 36위였다는 점이다."[2] 의사이자 보건의료 분석가인 스콧 애틀러스Scott W. Atlas는 이 같은 주장을 면밀히 검토하여 전후 맥락을 밝혔는데, 이 주장은 상당히 오해의 소지가 있는 것으로 드러났다.

대부분의 사람들은 WHO 순위가 전반적인 건강 수준을 측정한다고 가정한다. 하지만 실제 건강 결과는 순위 척도에서 25퍼센트만을 차지했다. 이 순위 점수는 평등주의에 50퍼센트, "건강 분포"에 25퍼센트, "재정적 공정성"에 나머지 25퍼센트의 비중을 두었다. 여기서 "공정성"은 소득 대비 의료비의 비율이 누구나 동일한 것으로 정의되었다. 즉, 부유할수록 의료비에 들어가는 돈이 더 많은 시스템만이 공정한 것으로 여겨졌다. 한마디로, 이데올로기가 담긴 기준이

성과지표의 배신

었다. 부여된 숫자(37위)는 객관성과 신뢰성의 느낌을 주었다.[3] 하지만 그 전반적인 성과 순위는 사실 기만적이다.

그럼 사망률과 기대 수명 순위는 어떨까? 이 두 가지는 의료 시스템의 **바깥** 요인, 즉 문화나 생활 양식과 관련 있는 요인들에 큰 영향을 받는 것으로 나타난다. 비만은 제2형 당뇨병과 심장병처럼 심신을 쇠약하게 하는 만성 질환을 악화시키는 경향이 있으며, (비록 일부 국가들이 빠르게 뒤쫓아오고 있긴 하지만) 미국은 평균적으로 다른 국가보다 비만율이 높다. 흡연 또한 심장병, 암 같은 질병에 크게 기여하며, 금연한 지 몇십 년이 지나도 그 영향이 지속될 수 있다. 미국인들은 1980년대까지 몇 세대 동안 국제적인 기준으로 골초였던 것으로 나타난다. 그리고 미국인의 사망률을 불균형할 정도로 높이는 또 다른 요인인 총상은 통탄스럽게도 의료 시스템과는 거의 아무 관련이 없다.[4] 뿐만 아니라 미국은 다인종 국가로, (아프리카계 미국인 같은) 일부 민족 집단이 사회적·문화적·유전적 요인에 따른, 비정상적으로 높은 유아 사망률을 보인다.[5] 간단히 말해서, 미국인의 건강 문제 중 다수는 의료 시스템과 **상관없는** 사회적·문화적 요인이 작용하여 나타난 결과다. 질병 진단과 치료에 있어서 미국 의료는 세계 최고 수준이라고 애틀러스는 지적한다.[6]

교육과 치안 같은 영역과 마찬가지로, 여기서도 상대적인 성패 여부를 결정하는 가장 중요한 요소들은 대부분 우리가 측정하고 책임 소재를 두는 형식적인 시스템 너머에 있다. 충분히 운동하기, 올바른 식습관 지키기, 무책임한 사람들의 손에 화기가 들어가지 않게 예방하기, 그리고 흡연이나 알코올, 약물, 위험한 섹스의 과잉 소비 자제하기 등은 건강과 장수에 기여하는 주요 요인들이다. 의사와 공중보건 관계자들은 이러한 생활 양식에 영향을 주려고 애써야 하며, 실제로 그렇게 하고 있다. 하지만 이런 생활 양식 패턴은 대체로 전문가들의 통제권을 벗어나 있다. 우리는 미국 의료의 실패 요인을 평가할 때 이 점을 명심해야 한다. 하지만 아무리 WHO 보고서의 요란한 측정지표를 에누리하여 받아들이더라도 미국의 보건관리가 값비쌀 뿐만 아니라 개선할 여지가 있다는 점은 무시할 수 없는 사실이다.

| 해법으로서 보는 측정지표 |

미국 보건 정책에서 가장 인기 있는 트렌드는 성과 측정지표, 책임성, 투명성의 장려일 것이다. 측정된 성과는 의료 전문인이 임상학적 절차를 올바르게 평가하고 자신의 이행 과정을 추적하도록 도와줄 뿐만 아니라 보험사가 성공에 보상하고 실패에 벌점을 주도록 허용하며, 등급과 성적표를 통해 투명성을 창출하여 환자들이 의료 제공자를 선택할 때 정보에 입각한 판단을 내리도록 지원한다.

측정지표의 지지자이자 하버드경영대학원 경제학 교수인 마이클 포터Michael E. Porter는 자신의 "가치 의제"에 의료 부문에 대한 경영 측정지표 적용을 포함시킨다. 포터의 주장은 다음과 같다.

어느 분야에서나 급속한 향상에는 결과를 측정하는 일이 필요하다. 이는 경영에서 친숙한 원칙이다. 팀은 시간 경과에 따라 진전 정도를 추적하고 자신들의 성과를 조직 내외부의 경쟁자들과 비교함으로써 발전을 도모하고 남들을 뛰어넘는다. 실제로 가치(결과와 비용)의 철저한 측정은 의료 서비스를 개선하는 데 가장 중요한, 단 한 가지 절차일 것이다. 어느 국가가 됐든, 의료 서비스 결과를 체계적으로 측정하는 곳에서는 어디서나 이런 결과들이 개선된다. [7]

포터는 결과의 공개 보고를 전적으로 신뢰하는 학자다. 이런 공개 보고는 성과를 개선하기 위한 강한 동인을 제공하는 것으로 여겨지는데, 이론상으로는 말이 된다.

| 3가지 성공 사례 |

포터는 자신이 추천하는 접근방식의 선구자로 클리블랜드 클리닉Cleveland Clinic을 꼽는다. 이 병원은 매년 14권의 "성과 결과서"를 출간해 놀랄 만큼 다양한 질환의 치료 성과를 기록한다. (온라인에서도 이용할 수 있는) 이 문서들을 살펴보면 카테고리별로 성공률이 높은 것을 알 수 있다. 이 때문에 클리블랜드 클리닉에는 전 세계에서 환자들이 찾아온다.

의료 측정지표의 잠재적 미덕을 보여주는 설득력 있는 예로서 역시나 마이클 포터가 선전한 사례는, 의사가 주도해 만든 비영리 통합 시스템인 게이싱어 헬스 시스템Geisinger Health System이다. 260만 명의 펜실베이니아 지역민(대다수가 가난한 시골 주민이다)에게 의료 서비스를 제공하는 게이싱어는 미국의 진보적인 의료 관리 체계를 보여주는 진열장이며, 거기에는 그럴 만한 이유가 있다.[8] 전자보건기록 사용의 선구자로서 게이싱어는 1995년에 전자보건기록시스템에 1억 달러 이상을 투자하기 시작했고, 환자의 온라인 포털 등록을 유도하는 의사에게 혜택을 제공했다. 이 시스템은 시스템 내 의료 제공자들에게 즉각적인 정보 전송을 허용하며, 개인 의사를 포함한 병동 전체의 성과를 모니터링하도록 돕는다. 또한 고위험군 환자를 담당하는 간호 사례관리자nurse case-manager를 채용하여 환자에게 현재 건강 상태를 교육시키고 환자를 모니터링하며 치료 계획과 약물을 재검토하고 후속 약속을 잡는다. 미국 의료계에서 가장 큰 비용이 들고 널리 퍼진 두 가지 질환은 당뇨병과 심장병이다. 게이싱어 시스템에서는 의사와 보조의사, 약사, 영양사 등으로 구성된 통합 팀이 이런 환자들을 치료한다. 게이싱어는 서로 간의 교류가 별로 없는 일련의 서비스 제공자에게 치료를 분배하기보다는 전체론적인 접근법을 이용한다. 의사에게 주는 보상의 경우, 20퍼센트는 비용 절감, 의료 품질 향상, 환자 만족과 관련된 목표에, 나머지 80퍼센트는 각 진료당 지급에 근거한다. 게이싱어는 여러 가지 혁신적 프로그램을 통해 비용을 절감하고 환자의 치료 결과를 개선하는 데 성공했다.

의료 분야의 성공적인 측정지표 활용 예를 더욱 명백하게 보여주는 한 가지는 "중심정맥관"을 통한 병원 유발성 감염을 줄이는 데 성과 측정수단을 사용한 것이다. 중심정맥관은 약물 또는 영양소, 수액의 주입을 위해 목이나 가슴의 대정맥에 삽입되는 굴곡성 카테터(도관)다. 중심정맥관은 오늘날 병원 의료에서 가장 흔하게 볼 수 있는 요소 중 하나로, 카테터가 감염의 신속한 통로 역할을 함에 따라 최근까지 합병증에 가장 많은 원인을 제공했다. 이러한 감염은 최악의 경우 생명을 앗아가며, 최선의 경우에도 치료에 많은 비용이 들어간다. 2001년 미국에서는 중심정맥관과 관련된 혈액감염이 8만 2000건이나 발생한 것으로 추정된다. 감염 1건당 비용은 1만 2000달러에서 5만 6000달러에 이르렀으며, 이러한 감염으로 거의 3만 2000명이 사망했다.[9]

이때를 기점으로 병원 감염률이 급격하게 떨어졌는데, 볼티모어 존스홉킨스대학교병원의 중환자 치료 전문가인 피터 프로노보스트Peter J. Pronovost의 공이 컸다. 프로노보스트는 동료들과 함께 5가지 간단한 표준 절차 체크리스트에 기반한 프로그램을 개발했다. 이 5

가지 절차를 모두 따를 경우, 중심정맥관 유발 감염의 가능성이 감소했다. 존스홉킨스병원에 이 프로그램을 적용한 프로노보스트는 이후 미시간에서 "미시간 키스톤 ICU 프로젝트Michigan Keystone ICU Project"라는 병원 시스템에도 이를 적용해 감독했다. 그때부터 이와 비슷한 프로그램들이 미국 전역과 영국 및 스페인 등지에서 시행되었다. 결과는 고무적이었다. 혈류 감염률이 66퍼센트 떨어져, 수천 명이 목숨을 지켰고 수백만 달러가 절약되었다.

키스톤 프로젝트에는 월별 감염률 데이터의 수집도 포함된다. 이 비율은 집중치료 병동의 책임자 및 병원 고위직 관리들에게 보고되며, 실수에서 교훈을 얻기 위해 더 많은 직원들과 그 결과를 논의한다. 이는 **진단** 측정지표의 한 예다. 여기서 얻은 데이터는 전문 의료인(의사) 또는 의료기관(병원)이 내부적으로 사용하거나, 아니면 다른 의료인 또는 의료기관과 공유하여 효과적인 방법과 그렇지 않은 방법을 가려낸 뒤 그 정보를 성과를 개선하는 데 사용할 수 있다.

키스톤 프로젝트에서는 진단 측정지표 외에도, 일종의 동료 압력을 통한 정신적 동인책을 광범위하게 활용했다. 프로노보스트 자신은 이 프로젝트가 임상 커뮤니티를 적극적으로 활용하여 일반적인 직업적 목표를 위해 힘쓰고 중심정맥관 유발 감염을 해결 가능한 사회적 문제로 다룬 덕분에 성공할 수 있었다고 믿는다. 또한 다른 병원들과 감염률을 비교해보는 방법은 경쟁 의료기관들의 성공률을 따라잡거나 넘어서고자 하는 동료 압력을 만들어냈다.

| 이 같은 성공 사례에서 내릴 수 있는 결론 |

클리블랜드 클리닉과 게이싱어, 키스톤 프로젝트는 성과 측정의 효과를 말해주는 증거로서 자주 인용되는데, 그만한 이유가 있다. 하지만 좀 더 깊이 들어가면 중요한 것은 이런 측정지표를 대규모 조직 문화에 어떻게 통합시켜 나가느냐라는 사실을 알게 된다.

클리블랜드 클리닉은 그 치료 결과를 책으로 발표한 덕분에 성공을 거둔 것일까? 아니면 치료 결과가 너무 인상적이어서 그 결과를 책으로 정확히 알리고 싶은 것일까? 사실, 클리블랜드 클리닉은 성과 측정지표가 등장하기 전부터 세계 일류 의료기관 중 하나였고, 성과 측정의 시대에도 그 입지를 지키고 있다. 하지만 클리닉의 서비스 품질과 성과 측정지표의 발표 간에 인과관계가 있다고 결론짓는 것은 '인과 설정의 오류'를 범하는 것이다. 클리블랜드 클리닉의 성공은 품질 측정 자체보다는 지역적 여건, 즉 클리블랜드 클리닉의 조직 문화가 측정지표를 활용하는 방식과 훨씬 더 관련이 깊을 수 있다.[10]

게이싱어의 측정지표가 효과적인 이유는 측정지표가 대형 시스템에 통합되는 방식 때문이다. 결정적으로, 측정 기준의 수립과 성과 평가를 수행하는 주체가 행정관리자와 의사로 구성된 팀이다. 따라서 성과의 측정지표는 직접적인 실전 지식이 없는 상부의 행정관리자가 도입하거나 평가하지 않고, 협업과 동료 심사가 그 기준이 된다. 또한 게이싱어는 다양한 질환의 외래 환자를 치료할 때 그 성과를 지속적으로 개선하는 데 측정지표를 사용한다. 게이싱어 시스템의 혁신을 관장한 의사이자 CEO인 글렌 스틸Glenn D. Steele은 그 성공 비결을 이렇게 설명했다. "우리의 새로운 치료 절차가 효과를 거둔 이유는 의사들이 중심이 된 데다, 실시간 데이터 기반의 피드백을 반영했고, 환자 치료의 품질을 개선하는 데 주로 집중했기 때문이다." 이 점이 "근본적으로 우리 의사들의 행동을 바꾼 계기가 되었다." 또한 "의료 서비스군에 실제로 종사하는 직원들이 어느 치료 과정을 바꿀지 선택했다"는 사실도 매우 중요했다. "의사결정에 이들을 직접 참여시키자 업무에 대한 수용도가 올라가고 성공 가능성이 높아졌다." 게이싱어 사례에서 우리가 얻을 수 있는 교훈은 서비스 제공자에게 성과 측정수단을 개발하고 감시하도록 하는 것의 중요성이다. 여기서 핵심은 그 측정수단이 이들의 직업적 사명감과 일치했다는 사실이다.

중심정맥관 감염 감소 작업을 감독했던 피터 프로노보스트는 "동료 규범과 전문 직업의식 같은 내적 동기를 이용한 자발적 노력들이 잠재적으로 효과적임을 키스톤 ICU 프로젝트가 입증했다"고 믿는다. 그는 공개 보고와 금전적 인센티브로 이러한 이점을 보완하는 데 반대하지 않는다. 하지만 의료 결과가 개선되려면 "무엇보다도 임상의의 신념 변화가 필요하다고, 다시 말해 감염률은 불가피한 요소가 아니며 의사 및 간호사의 직업 정신에 호소함으로써 통제가 가능함을 보여줘야" 한다고 설명했다.

그러나 미국 정부의 메디케어 및 메디케이드 서비스 센터CM가 내린 결론은 2011년에 감염률의 공개 보고를 시작하고 1년 뒤에 감염률이 높은 병원에 환급을 보류하는 방법으로 징계를 내리겠다는 것이었다. 이는 외적 동기보다 내적 동기에 의존하던 앞선 의료기관들의 성공 사례와 상이한 인센티브 구조를 만들어냈다.

| 더 큰 그림: 측정지표, 성과급, 순위, 성적표 |

의료 분야의 성과 측정지표 활용 전력을 더 깊이 들여다보면 클리블랜드 클리닉과 게이싱어, 키스톤의 성공이 이례적인 경우에 가깝다는 것을 알 수 있다.

의료 측정지표에 대해 설명한 대다수 전문가의 관심은 성과 측정의 효과성에 편중되어 있다. 그들은 연구 경력의 상당 부분을 데이터 수집 및 분석의 효력에 할애하고 있다. 따라서 공개적으로 발표되는 책임성 측정지표의 **무** 효력 또는 **극히 적은** 효력을 입증하는 이 수많은 연구는 자책골로 해석되어야 한다. 앞으로 살펴보겠지만, 의료보건 관련 학술지와 문헌에는 이런 연구가 넘쳐난다. 그리고 대부분은 측정지표의 무용성이 입증됐다는 단도직입적인 선언보다는 더 많은 데이터와 더 많은 연구, 더 정제된 측정지표가 요구된다는 호소로 끝난다.[11] 하지만 실패를 다룬 이 연구들은 성과 측정에 전혀 반감이 없는 사람들이 주체가 된다는 점에서 오히려 더 의미가 깊다.[12]

책임성과 투명성을 둘러싼 논쟁은 성공과 실패의 측정지표를 공개하면 환자와 전문가, 의료기관의 행동이 바뀔 것이라는 전제를 바탕으로 한다. 환자는 소비자의 역할을 하며 치료비를 상대적 성공률과 비교할 것이다. 의사는 환자에게 성과 점수가 높은 전문가를 추천할 것이고, 보험사는 최저 가격으로 최선의 치료를 제공하는 병원과 의료 서비스 제공자에게 몰려들 것이다. 그리고 의사와 병원은 자신의 평판과 수입이 악화되지 않도록 성과 점수를 개선해야 한다는 압박을 느낄 것이다.[13]

이 이론이 현실과 들어맞는지 시험하기 위해 네덜란드 네이메헌 라드바우드대학교 메디컬센터Radboud University Nijmegen Medical Centre 의 의료보건서비스 과학연구소Scientific Institute for Quality of Healthcare(IQ Healthcare) 전문가 팀은 기존 증거를 검토하여, 여러 가지 건강 문제와 관련된 연구 정보를 널리 공개했을 때 의료 서비스 제공자와 환자/소비자의 행동, 그리고 환자의 치료 결과에 어떤 영향이 미치는지 살펴보았다. 여기에는 심장마비 등 다양한 질환에 대한 공개적인 의료 측정지표를 도입하기 전과 후의 행동을 비교하는 전후 연구도 포함되었다. 이 네덜란드 전문가 팀은 일부 사례에서 병원들이 실제로 치료 **절차**를 개선하기 시작했다고 밝혔다. 하지만 책임성 지지자들의 예측과 달리, 환자의 **치료 결과**에는 어떠한 지속적 효과도 나타나지 않았다.

이는 의학 연구와 의료 행위의 차이에서 비롯되는 결과일 수 있다. 의학 연구의 대상이 되는 인구는 의사와 병원이 실제로 치료하는 인구와 다르다. (당뇨 예방을 위한 혈당 통제 같은) 의료 개입의 실험 대상이 되는 환자의 수가 상대적으로 적은 데다, 이런 개입의 영향을 구분하기 위해 복합적인 질환을 앓는 환자는 고의적으로 제외시키기 때문이다. 하지만 현실에는 여러 가지 의료 문제(동반질환)를 겪는 환자가 종종 있기 때문에 실험했던 개입의 효과가 나타나지 않는다. 왜 단순히 권장된 절차를 따르는 것만으로는 치료 결과가 개선되지 않는지 설명되는 대목이다.[14]

네덜란드 전문가 팀은 측정지표의 공개가 환자의 의료 서비스 제공자 또는 병원 선택에 영향을 미치지 않는다고 밝히며, 다음과 같이 결론지었다. "소량의 연구 증거로는 성과 데이터의 공개가 소비자의 행동을 바꾸거나 치료 결과를 개선한다는 사실을 일관되게 입증하기가 어렵다."[15]

측정지표의 또 다른 주요 용도는 성과급P4P, pay-for-performance 계획이다. 여기서 인센티브 구조는 간단하다. 의사의 보수를 책정할 때 권장된 절차(체크리스트)를 따르거나 비용을 절감하거나 치료 결과를 개선하는 등 어떤 측정된 목표를 달성했는가에 큰 비중을 두는 것이다.

영국에서는 국립보건서비스NHS가 1990년대 중반에 1차의료 의사에 대한 보상 조치의 핵심 요소로 성과급P4P을 채택했고, 이를 토니 블레어 행정부에서 더욱 확대했다. 미국에서는 개인 건강 플랜 및 고용 분야에서 P4P 프로그램 채택이 늘었고, 이는 주 정부도 마찬가지였다. 또한 P4P 조항은 2010년 부담적정보험법의 일환으로 의사들이 메디케어에서 받는 보상의 핵심 요소였다.[16] 메디케어에서는 수술 후 30년까지의 생존율을 기준으로 삼고 수술 결과 등 다양한 측정 결과에 따른 보상을 하고자 노력했다.

의료 측정지표의 또 다른 주요 유형은 "의료 성적표"의 형태로 받아 보는, 의사와 병원의 공개 순위다. 뉴욕 주에서 맨 처음 이러한 데이터를 발표했고, 영국에서는 2001년에 보건부가 공공 의료보건 기관에 대한 연간 "별점"을 공개하기 시작한 데 이어, 최근에는 세계 최초로 9개 외과 전공의 전문의들에 대한 "결과 데이터"를 공개하도록 명령했다. 2015년에는 미국 인터넷 언론사 프로퍼블리카ProPublica가 미국 전역의 외과의 1만 7000명을 대상으로 한 합병증 발생률을 발표했다.[17] 또한 비영리 법인의 의료서비스 평가기관인 "조인트 커미션JC", 그리고 웹사이트 《헬스그레이드Healthgrades》나 《US뉴스앤드월드리포트》 같은 개인 영리 평가기관에서도 성적표와 순위를 발표했다. 이러한 모든 활동 뒤에는 의사와 병원이 안전과 효능 측면의 평판, 궁극적으로 잠재적 환자 인구에 대한 시장 점유율을 높이기 위해 더 좋은 성과를 내려고 할 것이라는 믿음이 숨어 있다. 병원의 경우, 이러한 순위는 위신과 "브랜드 관리"에 중요하다.[18]

현재 미국과 영국을 비롯한 국가에서 성과급과 공개적인 성과 측정지표의 효과를 다룬 사회과학 문헌은 많이 있다. 놀라운 점은 경제학 이론상으로는 효과가 분명해 보이는 이 기법들이 실제 결과에는 그다지 유의미한 효과를 내지 못한다는 것이다.[19]

예를 들어, 《내과학회보Annals of Internal Medicine》에 실린 최근의 한 연구에서는 2009년에 병원 사망률의 공개 보고가 시작된 후 몇 년 동안 메디케어 환자들의 경과를 지켜보았다. 저자들에 따르면 "우리는 사망률의 공개 보고가 환자의 치료 결과에 어떠한 영향도 주지 않는다는 사실을 발견했다. 우리는 하위그룹까지 모두 살펴보았다. 심지어는 예후가 나쁜 그룹까지 검토해 이들의 결과 개선 속도가 더 빠른지 검토했다. 결과는 그렇지 않았다. 사실, 데이터만 놓고 본다면 공개 보고로 인해 환자의 치료 결과 개선 속도가 느려졌다고 결론지을 수 있었다."[20] 이 정도의 문제로는 충분하지 않은 것인지, 프로퍼블리카 수술 성적표 같은 많은 공개 순위는 전문가들이 보기에 미심쩍은 기준을 근거로 하고 있어서 정보를 제공하는 것만큼이나 오도할 가능성도 높다.[21]

랜드 연구소Rand Corporation에서 발표한 또 다른 최근 보고서도 비슷한 결론에 도달했다. 이 보고서에 따르면 성과급과 관련된 대부분의 연구는 최종 결과, 즉 환자의 회복 여부보다는 과정과 중간 성과를 검사했다. "방법론적 설계를 강화한 전반적인 연구에서는 성과급 프로그램과 관련된 유의미한 개선이 잘 식별되지 않았다. 게다가 식별이 되더라도 그 효과가 상대적으로 적었다."[22] 이러한 발견은 새로운 것이 아니었다. 1990년대 공공 부문의 성과급 계획을 연구한 사회과학자들은 이 제도가 효과적이지 못하다고 결론을 내렸다. 그럼에도 이런 계획이 계속 도입되고 있으니, 경험에 대한 희망의 승리, 혹은 오랜 처방을 변함없이 퍼트리고 다니는 컨설턴트들의 승리라고 할 수 있겠다.[23]

공개 순위나 성과급에 사용되는 측정지표는 종종 의도하지 않는 결과를 초래하거나 역효과를 낳는다. 그리고 이러한 영향은 생산적이든, 비생산적이든 일반적으로 엄청난 비용, 그러니까 성과급 또는 투명성 측정지표의 옹호자들이 거의 고려하지 않는 비용을 수반한다.

P4P와 공개 순위는 목표 전치의 문제 또한 내포하고 있다. 영국의 한 보고서에 언급된 것처럼, P4P 프로그램들은 "측정할 수 있고 책임 소재를 따질 수 있는 것에만 보상할 수 있는데, 이러한 한계는 부분론적 치료, 그리고 의사의 관심을 중요한 것이 아닌 측정될 수 있는 것으로 돌리는 문제를 초래할 수 있다." 영국의 P4P 프로그램은 이 프로그램에 속하지 **않는** 질환들에 대한 치료의 질을 낮추는 결과를 가져왔다. 요약하자면, P4P 프로그램은 곧 "시험을 잘 보기 위한

성과지표의 배신

치료treating to the test"로 이어진다. 뿐만 아니라 만성적인 복합 질환을 앓는 노약자 같은 환자들을 치료하는 데 신뢰할 수 있는 측정 기준을 제공하는 것도 절대적으로 불가능하다.[24]

의사 성적표는 문제를 해결하는 만큼이나 많은 문제를 만들어낸다. 위험회피 현상을 보자. 공개적으로 이용 가능한 측정지표가 도입된 후 심장외과의들이 수술이 필요한 중증 환자를 받지 않으려 한다는 사실이 수많은 연구에서 밝혀졌다. 일례로, 뉴욕에서는 외과의 성적표에 관상동맥 우회술 이후 사망률, 즉 수술 경과 30일 후에도 살아 있는 환자의 비율을 기록한다. 이 측정지표가 도입된 후 사망률이 실제로 감소했으니 긍정적인 변화처럼 보이겠지만, 실상은 수술을 받은 환자만 측정지표에 포함된 것이다. 높은 위험성으로 인해 외과의의 점수를 낮춘다는 이유로 수술이 **거부된** 환자는 측정지표에 포함되지 않았다. 이런 중증 환자 중 일부가 클리블랜드 클리닉으로 보내졌기 때문에 그 수술 결과는 뉴욕의 측정지표에 반영되지 않았다. 이 같은 "사례 선택 편향"(일명 고객 선별)의 결과로 일부 중증 환자들은 전혀 수술을 받지 못했다. 그리고 뉴욕 주의 수술 결과 개선이 측정지표의 공개 덕분인지 또한 분명하지 않다. 데이터의 공개 보고가 전혀 없었던 이웃 매사추세츠 주에서도 동일하게 결과 개선이 이루어진 것으로 나타나기 때문이다.[25]

위험회피 현상은 위험한 수술이라도 어찌됐건 받으면 살 수 있을지도 모르는 환자들이 전혀 수술을 받지 못한다는 의미다. 하지만 정반대의 문제도 있다. 바로 측정 목표치를 맞추기 위해 지나치게 공격적인 치료를 하는 것이다. 병원의 사망률 데이터를 개선하기 위해 수술 결과가 좋지 않은 환자들의 생명을 필요 조건인 30일 동안 연장하는 것인데, 이는 비용도 많이 들고 비인간적인 처사다.[26]

외과의의 성공률과 병원의 사망률에 관한 공개적인 측정지표에 실질적인 이점들도 있는 것은 확실하다. 이런 측정지표를 공개하면 실력이 형편없는 사람들을 솎아낼 수 있다. 외과의의 경우 의사 생활을 접어야 할 수도 있는데, 무능한 동료를 업계에서 내쫓기가 불편했던 직업군에서는 그야말로 유용한 도태 과정이라 할 수 있다. 또한 병원의 경우 성과가 낮은 의료기관이 측정 성과를 개선하기 위한 절차를 밟을 수 있다. 하지만 다른 수많은 측정지표와 마찬가지로, 이 역시도 손쉬운 목표들을 얻고 나서 지속적인 수확을 바라는 경향이 강하다. 다시 말하자면, 손쉽게 얻을 수 있는 쭉정이를 거둬들이면 즉각적인 이득이 발생한다.[27] 하지만 문제는 측정지표가 모두에게서 수집된다는 것이다. 따라서 어느 시점에는 한계비용이 한계편익을 넘어선다.

늘 더 많은 의료 측정지표가 요구되는 상황이 얼마나 부담스럽고 큰 비용이 드는지는 의학연구소Institute of Medicine의 최근 보고서에 분명하게 나타난다.[28] 대형 의료센터에서 품질 측정치를 정부 규제 기관과 보험사에 보고하는 비용은 순세입의 1퍼센트에 달했다. 측정과 관련 활동에 드는 행정 비용은 연간 1900억 달러로 추산된다. 게다가 의료 서비스 제공자가 정부의 치료품질보고시스템Physician Quality Reporting Systems에 데이터를 입력하는 데 드는 비용도 헤아릴 수 없이 크다. 대규모 의료기관은 외부 회사를 고용해 데이터 입력 비용을 지불해야 하고, 소규모 의료기관에서는 때때로 그 일을 의사에게 부담시킨다. 이런 데이터 쓰나미를 수집하고 입력하고 처리하는 데 드는 가시적인 비용 외에도, 의사 및 기타 임상의가 데이터 입력 시간에 했을 수도 있는 일에 대한 헤아릴 수 없는 기회 비용이 존재한다. 뿐만 아니라 이 일에 투입된 시간은 일반적으로 계산되지도, 보상되지도 않는다. 일반적으로 이것은 의료 비용을 논할 때 고려 밖의 요소가 된다.[29] 의학연구소 연구 보고서에 따르면 "아이러니하게도, 다양한 목적을 위한 새로운 측정 활동(성과 평가 및 개선, 공공 및 자금 제공자 보고, 내부적인 개선 실행계획 등)에 대한 관심과 지지, 수용력이 급증하자 오히려 이런 활동들의 효과가 둔화되었다."

측정을 통한 개선의 대표 지지자인 도널드 버윅Donald M. Berwick은 2010년부터 2011년까지 메디케어 및 메디케이드 센터의 관리자로 일했다. 보고 요건들이 너무 부담스럽고 불필요하다고 느낀 버윅 박사는 최근에 다음과 같이 선언했다. "우리는 과도한 측정을 멈춰야만 한다. (…) 나는 현재 사용되는 모든 측정지표를 50퍼센트 축소하는 데 찬성한다."[30]

거기에다, 의료의 주된 목적을 영리로 여길 때 치러야 하는 정신적 비용도 존재한다. 버윅은 논문 "성과급의 유해성The Toxicity of Pay for Performance"에 이 같은 생각을 훌륭하게 담아냈다.

"성과급"은 내적 동기를 감소시킨다. 특히 의료서비스 분야에서, 많은 과업은 잠재적으로 내적 만족감을 준다. 통증을 완화하고 문의에 답하며 정교한 손기술을 발휘하고 속마음을 듣고 전문가 팀에서 활약하며 수수께끼를 풀고 신뢰할 수 있는 의료기관의 임무를 경험하는 일 등은 직장에서 하루 일과를 보람차게 보내는 방법이다. 의료 직무에서 오는 자부심과 기쁨은 의료 전문가들 사이에서 "성과"를 낳는 많은 동기 중 하나다. 오늘날 의료 서비스 리더와 임상의들의 시간을 다 잡아먹는, 악의에 찬 보상/수수료/환급 관련 논쟁에서는 의료 서비스 직무에 금전 외의 내적 보상이 중요하다는 사실이 너무 쉽게 무시되거나 심지어 의심된다. 불행하게도, 직장에서 내적 만족요인을 무시하면 그런 요인들이 무의식 중에 약화될 수 있다. [31]

버윅의 논문이 나온 지는 20년이 더 넘었다. 하지만 논문은 아무 효과도 내지 못한 것처럼 보인다. 성과급이라는 해일이 여전히 밀려들고 있으니 말이다.

| 선례적 사례: 재입원율 감소 |

적극 권장되는 측정의 활용 사례 중에는 퇴원 후 30일 이내에 발생한 뜻하지 않은 재입원의 비율을 산정한 메디케어의 측정지표가 있는데, 이는 측정지표의 장래성과 문제를 모두 보여준다. 여기에는 비싼 병원 입원비를 줄인다는 동기가 작용했다. 또한 재입원은 환자의 치료가 충분하지 못한 데 따른 결과로 여겨졌기 때문에 입원 횟수를 줄이는 것은 곧 치료 개선의 신호였다. 2009년에 메디케어는 모든 급성환자 치료병원을 대상으로 퇴원 후 30일 이내의 재입원율을 공개하기 시작했다. 이는 투명성 측정지표의 한 형태였다. 30일 이내의 재입원율 측정지표에는 주요 질환(심장마비, 심부전, 뇌졸중, 폐렴, 만성 폐쇄성 폐질환, 관상동맥 우회술) 환자와 두 가지 일반적인 수술 절차인 고관절 수술과 무릎관절 수술 환자가 포함되었다. (이 측정지표는 메디케어의 "병원 비교Hospital Compare" 웹사이트에 공개되어 있다.) 그러다 2012년에 메디케어는 평균 비율보다 높은 병원에 금전적 처벌을 부과함으로써 공개 보고에서 성과급으로 방향을 틀었다.[32] 성과의 공개 보고와 실패에 대한 금전적 처벌은 병원들이 재입원을 제한하는 조치를 취하도록 유도했을 뿐 아니라 병원 입원비가 비쌌기 때문에 비용을 절감하도록 하는 자극제 역할을 했다. 병원들은 퇴원하는 환자들이 다시 돌아오는 일이 없도록 1차의료기관과의 협업 개선, 환자에 대한 처방약 접근권 보장 등의 추가적인 조치들을 취하기 시작했다. 성과가 낮은 병원에 부과되는 벌금은 환자가 재입원하는 일이 없도록 병원이 더 나은 의료 서비스를 제공하도록 동기 부여하는 데 그 목적이 있었다.

병원 재입원율은 정말로 감소했다. 이는 성과 측정지표를 선전할 때 자주 언급하는 성공 사례다. 그런데 이런 성과는 정말 다 사실일까?

재입원율이 감소한 데에는 시스템상의 꼼수가 한몫했다. 병원들은 다시 찾아온 환자를 공식적으로 입원시키는 대신 "관찰 상태"로 일정 기간(최대 며칠간) 병원에 머물게 하면서 "입원"이 아닌 외래환자 서비스 비용을 청구했다. 아니면 재방문 환자를 응급실에서 치료하기도 했다. 이런 관찰 상태로 병원에 체류한 메디케어 환자는 2006년과 2013년 사이에 96퍼센트 증가했다. 이 말인즉슨, 재입원율 감소의 절반 정도는 실제로 병원을 다시 찾았지만 외래 서비스로 치료받은 환자들이 기여했다는 의미였다. (그런데 문제는 더 복잡했다. 재입원율이 감소한 병원이 관찰 상태의 환자 수를 늘린 병원이 아니라는 사실이 나중의 분석을 통해 밝혀졌기 때문이다.) 그러므로 재입원율 측정지표가 개선되었다고 해서 반드시 환자 치료의 질이 개선된 것은 아니었다.

모든 병원이 시스템에 꼼수를 부린 것은 아니었다. 일부 병원은 실제로 재입원율을 줄임으로써 환자의 치료 결과를 개선했고, 메디케어 비용을 줄이기 위해 병원의 절차를 점검하고 개량했다. 하지만 다른 병원들은 그야말로 성과 평가 시 환자에게 붙이는 카테고리 이름을 조작하는 능력만 개선한 것이었다.[33]

　다른 부정적인 결과들도 있었다. 2015년을 기점으로, 보고한 병원의 약 4분의 3이 메디케어의 처벌을 받았다. 분명하게 말하면, 상대적으로 치료가 어려운 환자들을 받은 주요 의과대학 부속병원들이 비정상적으로 큰 불이익을 보았다.[34] 첫 퇴원 후 몸조리를 잘할 (타의로든 자의로든) 가능성이 낮은 빈곤 지역의 병원들도 마찬가지였다.[35] 입원율 감소 목표를 달성하는 일은 환자를 교육하고 필요한 약물을 제공하기 위해 병원이 취하는 조치만으로 되는 것이 아니다. 그 외에도 병원이 통제하기 어려운 여러 가지 요인, 다시 말해 환자의 근본적인 신체적·정신적 건강, 사회적 지원 시스템, 행동 등에 달려 있다. 이 같은 요인은 의료 측정지표와 관련하여 되풀이되는 또 다른 문제를 시사한다. 병원에서 치료하는 각양각색의 환자 인구 중 일부는 질병에 더 취약하고 퇴원 후 스스로를 돌볼 능력도 부족하다는 것이다. 성과급 계획은 소위 "위험 조정"을 통해 이에 대한 보상을 하고자 한다. 하지만 위험 수준을 계산하는 일은 적어도 다른 측정지표들만큼이나 오측과 조작으로 빠지기 쉽다. 결국 치료가 어려운 환자 인구를 받는 병원이 처벌을 받을 가능성도 높아진다.[36] 표준화된 시험에서 학생들의 낮은 점수로 처벌을 받는 학교들의 경우와 마찬가지로, 성과 측정지표는 성과가 가장 낮은 병원에 벌점을 부과함으로써 결국 자원의 불균등한 분배를 심화할 수 있다. 이는 공중

보건 개선이라는 측정지표의 목적에 부합한다고 볼 수 없다.

| 총정리 |

이제 대다수의 의료서비스 제공기관은 특정 절차의 결과를 개선하는 일부터 기관 전체의 운영을 최적화하는 일까지 품질 개선을 위해 측정지표를 사용한다. 성과 측정지표의 이러한 내부적 용도는 병원을 비롯한 의료기관들이 치료의 안전과 효능을 개선하도록 돕는데 큰 가치가 있다. 하지만 중심정맥관 유발 감염을 최소화하기 위한 절차 체크리스트와 마찬가지로, 측정지표는 일반적으로 그러한 개입과 치료 결과가 조직의 의료시스템 내에서 거의 완전하게 통제될 때 가장 효과적이다. 치료 결과가 (진료실과 병원을 벗어났을 때 환자의 행동 같은) 더 광범위한 요인에 좌우될 때 그 치료 결과는 의료시스템의 노력 또는 실패의 결과물로 보기 어렵다. 주민의 건강을 성공적으로 관리한 게이싱어의 사례는 희망을 안겨준다. 하지만 이는 전문 의료인들이 직업 정신에 따라 진단 측정지표를 개발하고 평가하는 조직 문화에서, 그러한 측정지표가 그 조직 문화에 일조할 때 가능한 얘기다.

금전으로든 평판으로든 성과에 보상하기 위해 측정지표를 사용하는 것은 문제가 훨씬 더 많다. 그리고 금전적 인센티브 및 공개 순위와 연계되는 측정지표에 의존하는 경향은 점점 더 강해지고 있다. 이런 측정지표가 의료 서비스의 비용과 혜택을 늘리는지 축소하는 지는 여전히 풀리지 않은 문제로 남아 있다.

치안

의료 분야와 마찬가지로, 치안 분야 역시 최근 몇십 년간 측정지표의 사용에 따라 큰 변화를 겪었다. 여기에도 큰 이해관계가 얽혀 있다. 한 도시의 운명은 많은 부분에서 시민의 안전 인식이 좌우하며, 시장의 재선 여부는 종종 범죄 통제 또는 범죄율 감소 능력에 따라 결정된다. 시민과 정치인들의 의식 속에서 공공 안전의 수호자는 범죄율에 책임이 있는 경찰이다. 그러나 보건과 의료 시스템의 관계, 또는 교육과 학교 시스템의 관계처럼, 공공 안전은 전적으로 경찰의 효과성에만 달려 있는 것이 아니다. 공공 안전은 사법 시스템의 기타 요소, 다시 말해 검사, 판사, 형벌 및 가석방 제도에 좌우되기도 한다. 뿐만 아니라 범죄 행위에 관여한 지역 인구의 성향과 상당한 관련이 있으며, 결과적으로 더 광범위한 경제적·인종적·문화적 요인에 영향을 받는다.[1] 또한 공공 안전은 범행의 용이성과도 관련이 있다. 최근 몇십 년간 범죄가 줄어든 것은 재산 소유자들의 개인적 조치가 일부분 영향을 준 것이다. 차량 절도, 빈집털이 및 기타 범죄는 수백만의 개개인이 방어 대책을 강구하면서 급격히 감소했다. 자동차 도난방지용 경보장치와 주택 경보장치가 한층 개선되면서 이런 범죄를 저지르기가 더 어려워진 것이다. 게다가 미국의 경우 약 백만 명이 민간경비업체에 고용되어 있다.

폭력 범죄는 미국에서 1990년대 초반 이후 줄어들었다. 맞든 틀리든, 이러한 감소는 일반적으로 치안의 변화 덕분으로 여겨진다. 치안 부문의 주요 변화는 측정지표의 이용 증가와 관련이 있는데, 그 대표적인 형태가 콤프스탯Compstat이다. 내부 사용을 위한 진단 측정지표처럼, 여기에도 측정지표의 유용성이 입증된 사례가 있다. 하지만 역시나, 정치인과 경찰서장의 평판을 높이는 데 공개적인 측정지표를 사용하자 수치를 조작하고 꼼수를 부리며 엉뚱한 곳에 노력을 들이려는 동기 유인이 발생했다.

(원래는 "전산통계"를 의미하는) 콤프스탯은 범죄분석 및 책임성 시스템으로, 1994년에 뉴욕경찰청NYPD에서 처음 개발했다. 뉴욕 경찰국장 윌리엄 브래튼William J. Bratton의 주도로 시작된 콤프스탯은 지리정보시스템GIS을 사용해 범죄 발생 범위를 추적한다. 또한 빠른 시간 내에 범죄 데이터를 수집 및 분석한 뒤 지도 위에 나타내어 범죄 패턴을 알아내고, 경찰 관리자들에게 관할구의 치안 결과에 대한 책임을 묻는 주간 회의도 개최한다. 이 데이터는 범죄가 몰리는 범죄 빈

발지역을 정확히 짚어내고 그에 따라 경찰 인력을 배치하는 데 사용된다. 뉴욕에서 콤프스탯이 시작된 후 몇십 년 동안 그 여러 가지 변형이 미국의 많은 대도시에서 채택되었다.[2] 콤프스탯은 보고된 범죄의 감소, 사실상 범죄 자체의 감소에 기여한 것으로 보인다.

하지만 여러 도시에서 연이어 범죄 통계의 정확성과 신뢰도에 대한 의문이 제기되었다. 콤프스탯은 정보를 나타내는 측정지표 시스템으로서는 실제로 유용하다. 하지만 시장이 고위 간부들에게 전반적인 수치를 개선하라고 압박하고 결국 그 압력을 받은 경찰청장이 범죄의 지속적인 감소에 자신의 진급이 달려 있다고 믿게 되면 하급 경찰관들에게는 보고된 범죄가 늘수록 벌점도 높아질 것이라는 메시지가 전해진다. 그리고 여기서 수치를 조작해야 한다는 중압감이 형성한다.

이 같은 문제는 콤프스탯이 생기기 전에도 존재한 데다 콤프스탯과 무관하게 발생한다. 1976년 사회심리학자 도널드 캠벨(캠벨의 법칙, 1장 참조)은 리처드 닉슨 대통령의 범죄 엄중 단속 선언이 "그 주효과인 범죄율 지표 붕괴와 마찬가지로, 범죄를 더 가벼운 범주로 축소 보고하고 격하함으로써 완수됐다"고 말했다.[3] 이 문제는 지금도 여전하다. 가장 널리 보도되는 범죄 측정지표는 미연방수사국FBI의 통일 범죄 총계 보고서다. FBI는 각 도시의 보고서를 토대로 4가지 주요 폭력범죄(살인, 강간, 가중폭행, 강도)와 4가지 주요 재산범죄(빈집털이, 절도, 자동차 절도, 방화)에 관한 데이터를 집계한다. 중대하지 않은 범죄는 지수에 포함하지 않는다. 이 지수는 일반에 공개되어 범죄 성적표로 간주된다. 범죄율이 내려가면 선출 관리들이 그 성과를 홍보하고, 범죄 지수가 올라가면 정치인들이 경쟁자의 비난을 받는다. 결국 정치인들은 경찰서장에게 범죄율을 낮추라고 압력을 넣고, 경찰서장들은 경찰 하부 조직을 압박한다.

이 같은 구조는 수치를 조작해 범죄가 줄어들고 있음을 보여야 한다는 강한 유혹을 만들어낸다. 시카고의 한 형사는 이를 다음과 같이 설명했다.

> "전혀 어렵지 않습니다." 우선, 담당 경찰관이 사건을 의도적으로 다르게 분류하거나 진술을 바꾸어 혐의를 좀 더 가볍게 보고할 수 있다. 가택 침입은 "무단출입"으로, 차고 침입은 "형사상의 기물 파손"으로, 절도는 "분실물"로 바꾸는 것이다. [4]

각각의 사례에서 중범죄는 경범죄로 기록되어, FBI 통일 범죄 총계 보고서에 반영되지 않았다. 범죄를 축소 보고하려는 유혹이 이만저만 큰 것이 아닌 까닭에, 뉴욕경찰청은 보고받은 내용을 감사하고 잘못 보고한 경찰관을 처벌하는 데 상당한 인력을 투입해야 한다.[5] 하지만 모든 경찰기관이 이런 대항력을 갖출 자원이나 의지가 있는 것은 아니다.

이 문제는 미국에 국한되지 않는다. 영국 런던의 경우 치안방범시장실MOPAC에서 범죄 20퍼센트 감소를 성과 목표로 수립했다. 이 목표가 런던경찰국장에서부터 지휘계통 말단의 순찰경에까지 전달됨에 따라 진급 기회는 이 20퍼센트 목표 달성과 직결되었다. 2013년 런던 경찰의 한 내부 고발자는 통계 조작이 "경찰 문화의 깊은 뿌리"가 되었다고 의회 위원회에 밝혔다. 강도 같은 중대 범죄는 "절도 강탈"로 격하되고, 강간은 성과 목표 달성을 위해 종종 축소 보고되었다. 어느 은퇴한 총경이 말한 것처럼, "치안방범시장실 같은 상부에서 목표를 설정할 때 염두에 둔 것은 희생자 20퍼센트 감소다. 하지만 이는 '고위 경찰관들에게 (…) 범죄 기록 20퍼센트 감소'로 해석된다." 이 같은 범죄의 축소 보고 및 격하는 "잉글랜드와 웨일스 내의 경찰 조직 전체가 알고 있는 사실"이라고 그는 덧붙였다. 이 외에도 전문가들이 밝힌 다양한 성과 측정지표 개선 수법이 있는데, 고소인의 증언 무시하기, 동일 지역에서 발생한 여러 범죄 사건을 한 건으로 기록하기, 범죄 심각도 수준 하향하기 등이다.[6]

하지만 이보다 훨씬 더 골칫거리인 유혹도 있다. 바로 경찰 성과의 또 다른 핵심 측정지표이자 효과성의 측정수단으로 여겨지는 체포 통계다. 전직 볼티모어 살인 전담반 및 마약반 형사이자 HBO 드라마 시리즈 〈더 와이어〉의 공동 창작자로 잘 알려진 에드워드 번즈는 경찰들이 부서의 성과를 그럴 듯한 결과로 보이도록 "통계 속임수"를 쓰는 과정을 묘사했다. 마약반 형사 시절, 번즈는 대표적인 마약왕들을 상대로 빈틈없는 소송을 진행하려고 했다. 하지만 상관들은 인력 소모가 심하고 체포에 몇 년이나 걸릴 일에는 흥미가 없었다. 상관들의 관심사는 측정지표를 향상시키는 것이었고, 수년간의 조사 끝에 마약 우두머리를 체포하는 것보다는 길 모퉁이에서 마약을 판매하는 십대를 하루에 다섯 명 체포하는 것이 통계상 더 나았기 때문에 수치를 빠르게 올리는 방향을 더 선호했다. 이 상관들과 상부 보고체계에 있는 정치인들의 관점에서 각각의 체포는 모두 동일한 가치를 지녔다. 성과지표를 최대로 높여주는 행동 방침은 마약의 판매를 줄이는 데 거의 도움이 되지 않았다.[7] 모든 부서에 동일한 비중을 둘 때 경찰들이 빠지기 쉬운 유혹은 가장 쉬운 사건을 쫓는 것이다.[8] 범죄 탐지율을 높이기 위해 해결이 쉬운 범죄에 경찰 인력을 배치하는 이러한 과정을 영국에서 "편향 현상skewing"이라고 한다.

측정지표는 지금까지 치안 분야에서 유용한 역할을 하고 있다. 하지만 보상과 처벌의 기준으로 사용하는 측정지표는 신뢰도가 떨어질 뿐 아니라 심지어 역효과를 낳을 수도 있다.

성과지표의 배신

군대

미국 군대는 아마도 세계에서 가장 크고 복잡한 조직일 것이다. 미군은 적어도 베트남 전쟁 시절부터 대반란(對反亂, Counter Insurgency, COIN) 캠페인에 측정지표를 사용하려고 노력해왔고, 가장 최근에는 이라크와 아프가니스탄에서 이를 활용했다. COIN은 미군이 측정지표를 사용한 일부 사례에 불과하지만, 이 책에서 다루는 화두와 큰 관련이 있어 특히 유용하다. 미군은 책임성과 투명성을 위해 측정지표를 광범위하게 사용했을 뿐만 아니라, 미국 사관학교 및 랜드 연구소의 연구원들을 통해 국방 분야의 활동들 또한 면밀하게 조사했다. 랜드 연구소는 미국방부가 의뢰한 과제를 연구하는 기관으로, 연구원 중 일부는 군인 겸 학자이지만 다른 연구원들은 좀 더 평범한 학자들이다. 이 연구원들의 대표적인 임무는 대반란 계획에 직접 참여하는 형태로든, 최근에 배치된 장교들을 면회하는 형태로든 실전 경험과 밀접한 관련이 있다. 대부분의 연구는 미래에 배치될 장교와 정책결정자들을 위해 수행되기 때문에 연구원들의 학문 성과에는 큰 이해관계가 얽혀 있다. 결국 일부 학자들은 측정지표의 이용과 오용에 있어서 이례적일 정도로 솔직하고 약삭빠른 선택을 하게 된다.[1]

미국의 베트남전 경험이 보여주듯이, 측정지표는 혼동을 일으킬 뿐만 아니라 이를 추구하는 동안 눈에 띄지 않는 부정적인 결과들이 나타날 수 있다. 우선, 정보 수집에는 많은 대가가 따른다. 미국 군인들은 맥나마라 국방장관이 그토록 자랑스럽게 여긴 사망자의 수에 포함시킬 적군의 시신을 찾느라 생명을 잃었다(3장 참조). 이 같은 통계는 지휘관의 진급 가능성을 높이기 위해 자주 부풀려졌다. 또한 객관적인 것처럼 보이지만 실상은 잘못된 정보의 흐름 때문에 정책결정자와 정치인들은 개선된 성과 측정치가 실제 진전사항이라고 오해했다.[2]

오스트리아 군대에서 장교로 복무하다가 미국으로 이주한 군인 겸 학자인 데이비드 킬컬런David Kilcullen은 미군과 국무부의 대반란 전략가로서 주요 보직을 다수 역임했고 아프가니스탄과 이라크도 다녀왔다. 그의 저서 『대반란 계획Counterinsurgency』에 실린 명쾌한 평론 "아프가니스탄의 진전사항 측정하기Measuring Progress in Afghanistan"에서 쉽게 설명하고 있듯이, "대반란 계획은 정부가 반란을 제압하기 위해 수행하는 모든 일"을 말한다.[3] 대반란 계획이 수행되는 환경

성과지표의 배신

은 복잡하고 역동적이다. "반란 및 테러 분자들은 대항책에 신속하게 반응해 진화하기 때문에 한때 효과가 있던 방법은 시간이 흘러 효과가 없을 수 있고, 한 지역 또는 한 시대에 유효했던 통찰은 다른 곳에 적용하기 힘들 수 있다." 그러므로 측정지표는 사건의 독특성에 맞춰 적용해야 한다고 킬컬런은 강조한다. 과거 다른 곳에서 벌어진 전쟁에서 도출한 표준화된 측정지표는 이제 전혀 효과가 없을 수 있다. 뿐만 아니라 아무리 우수한 성과 측정지표라도 경험에 기초한 판단에 맞춰 사용해야 한다.

지표의 해석은 매우 중요하기 때문에 내용을 잘 아는 전문가의 판단이 필요하다. 단순히 사건을 계산하거나 양적 또는 통계적 분석을 하는 것으로는 충분하지 않다. 해석은 환경에 대한 정통한 지식을 바탕으로 수행하는 정성적 활동이므로, 이전 조건들과 비교해 동향을 파악할 만큼 오랫동안 그 환경에서 일한 숙련된 인력이 수행해야만 한다. 이 같은 동향은 단기간 전국을 유람한 사람의 눈에는 분명하게 보이지 않을 수 있다.[4]

킬컬런은 사망자 수와 중요 활동Significant Activity, SIGACT 수를 비롯한 많은 표준화된 측정지표가 왜 때때로 기만적이고, 따라서 피해야 하는지 설명한다. SIGACT는 대반란군에 맞서 발생하는 폭력 사건을 의미한다. 흔히 이러한 폭력 사건의 수는 적을수록 좋다고 가정한다. 킬컬런은 꼭 그렇지만은 않다고 말하며 그 이유를 다음과 같이 설명한다. "폭력 발생률은 경쟁이 치열한 지역에서 높고 정부의 통제를 받는 지역에서 낮은 경향이 있다. 하지만 폭력 발생률은 적의 통제를 받는 지역에서도 낮게 나타나므로, 낮은 폭력 발생률은 해당 지역이 완전히 통제되고 있다는 것을 시사하지만 그 통제의 주체가 누구인지는 말해주지 않는다." 또한 킬컬런은 미군과 동맹군이 수행 중인 일을 계산하는 "투입 측정지표"의 사용을 경고하는데, 이 측정지표가 작전의 **결과**와 판이하게 다를 수 있기 때문이다.

투입 측정지표는 노력의 영향과는 별개의 것이라 할 수 있는, 노력의 수준에 근거해 도출하는 지표다. 투입 측정지표의 예로는 적군의 사망자 수, 훈련을 받은 아군의 수, 건립된 학교 또는 진료소 수, 완성된 도로의 거리 등이 있다. 이 지표들은 현재 수행 중인 일에 대해 말해주지만, 그 일이 미치는 영향에 대해서는 말해주지 않는다. 그러한 영향을 이해하려면 산출 측정지표(예: 훈련 후 3개월 뒤에도 여전히 복역하고 있는 아군의 수, 또는 1년 후에도 온전하게 사용되고 있는 학교 또는 진료소의 수), 더 바람직하게는 결과 측정지표를 살펴봐야 한다. 결과 측정지표는 우리 작전이 인구의 안전과 안보, 안녕에 미치는 실제적이고 인지된 영향을 추적한다.[5]

유용한 측정지표를 찾아내려면 종종 지역 여건에 완전히 발을 담

가야 한다. 한 예로, 이국적인(즉, 현지에서 나지 않는) 채소의 시장가를 인구의 인지된 평화와 안녕의 유용한 지표로 보는 외지인은 거의 없다. 그러나 킬컬런은 채소의 시장가가 어떻게 도움이 될 수 있는지 설명한다.

> 아프가니스탄은 농업 경제이며, 전국적으로 작물의 다양성이 뚜렷하게 나타난다. 아프가니스탄의 농업 생산을 둘러싼 자유시장 경제를 고려할 때, 위험과 비용 요인(작물을 재배하는 기회 비용, 불안정한 도로를 통해 작물을 수송하는 위험, 작물을 시장에 판매하고 그 돈을 다시 집으로 실어오는 위험)은 과일과 채소의 가격에 자동적으로 포함되는 경향이 있다. 따라서 전반적인 시장가의 변동은 일반 대중의 신뢰와 인지된 안보를 확인할 수 있는 대체 측정지표일 수 있다. 특히, 멀리 떨어진 외부에서 재배되어 큰 위험을 무릅쓰고 운송해 와서 판매되는 이국적인 채소는 유용한 자동 표시기라고 할 수 있다.[6]

그러므로 성공과 실패를 가늠하는 유효한 측정지표를 **개발**하려면 지역적 지식, 그러니까 다른 환경에서는 전혀 소용없을 수 있는 지식을 상당량 갖추고 있어야 한다. 템플릿과 공식을 바라는 사람들에게는 몹시 유감스러운 일이지만 **무엇**을 계산할지, 그리고 계산한 숫자들이 정황상 무엇을 **의미하는지** 아는 것은 쉬운 일이 아니다.

랜드 연구소의 분석가 벤 코너블Ben Connable은 최근의 연구 결과물인 『전운 속으로: 대반란 계획의 평가 및 측정지표Embracing the Fog of War: Assessment and Metrics in Counterinsurgency』에서 대반란 계획 평가에 대한 일반적인 교훈을 도출해냈다. 그는 다음과 같이 썼다. "COIN 평가를 위한 실제적이고 중앙집중화된 모델을 개발하는 것이 (불가능하지는 않더라도) 쉽지 않은 까닭은 가장 중요한 지역적 맥락을 반영하지 않는 데이터의 중앙집중화로는 복잡한 COIN 환경을 분명하게 해석할 수 없기 때문이다." 자고로 "정보는 지역마다, 그리고 시간에 따라 서로 다른 의미를 지닐 수 있다." 문제가 발생하는 시점은 "분산되고 복잡한 COIN 작전 활동과 중앙집중화되고 맥락이 배제된 평가 사이에 부조화가 일어날 때"다.[7]

이 같은 우려는 군대 이외의 분야에도 잘 적용된다. 유일무이한 복잡한 환경, 또는 다른 조직과 현저하게 다른 복잡한 조직 어디에나 일괄 적용할 수 있는 성과 측정지표를 개발하려고 한다면 표준화된 성과 측정수단은 정확하지 않을 뿐 아니라 기만적일 것이다. 하지만 "책임성" 도모를 위해 "투명한" 성과 측정지표를 산출하려는 욕심은 대체로 표준화되고 중앙화된 측정지표의 사용으로 직결되는데, 상관들을 비롯해 작전 현장에서 멀리 떨어진 대중에게는 그러한 측정지표가 더 이해하기 쉽기 때문이다. 게다가 랜드 연구소의 또 다른 연구에서 밝혀진 것처럼 양적 측정수단으로 전달되는 관측 결과는 "실증적인" 것으로 간주되는 반면, 질적 형태로 전달되는 관측 결과는 신뢰도가 떨어지는 것으로 여겨진다. 하지만 "실상은, 평가에 사용되는 양적 측정지표 중 다수는 이러한 보고 행위의 관측상 편향성을 반영하고 있다는 점에서 그 자체로 개인적인 진술이라 할 수 있다."[8]

코너블은 대반란 계획이 "예술이자 과학이지만 예술에 가깝다"고 묘사한다.[9] 이는 다른 많은 복잡한 상황의 관리에도 적용된다. 우리는 필연적으로 예술에 가깝고 경험에 기초한 판단이 필요한 문제를 측정 가능한 순수 과학으로 다루는 경향이 있다.

비즈니스 및 금융 /12

| 성과급이 효과적인 경우와 그렇지 않은 경우 |

"하지만 측정된 성과에 따른 지급이 적절한 곳도 분명 있잖아요. 비즈니스 영역 말이에요"라고 생각할 사람도 있을 것이다. 비즈니스는 결국 수익을 내기 위해 존재하고 그 안에서 일하는 사람들의 목적 역시 생계를 위한 돈을 버는 것이기 때문이다. 이는 회사 수익에 기여한 정도를 측정하고 이 측정치를 보수와 최대한 밀접하게 연계해 직원들의 최대 노력을 끌어내려고 하는 비즈니스 관리자들에게는 말이 되는 소리로 들린다.

측정된 성과에 따른 지급이 이 같은 약속을 실현하는 경우는 실제로 존재한다. 하는 일이 반복적이고 비창조적이며 표준화된 상품 또는 서비스를 생산하거나 판매하는 것일 때, 일에 대한 선택권을 행사할 가능성이 거의 없을 때, 내적 만족감이 거의 없는 일을 할 때, 팀의 노력보다 거의 개인적 노력만을 바탕으로 성과가 책정될 때, 핵심 업무에 다른 사람을 돕고 격려하고 지도하는 일이 들어가지 않을 때 같은 경우다. 판매직의 경우,[1] 또는 표준화된 산출이 있고 업무 전반에 대한 책임감이 필요 없는 관례화·개별화되고 고도로 집중된 일의 경우, 측정된 성과에 따른 보상이 효과적인 것은 당연하다. 간단히 말하면, 어느 사회학자가 말한 것처럼 "외적 보상이 직업 만족도의 주요 결정요인이 되는 경우는 상대적으로 내적 보상을 느낄 수 없는 일을 할 때뿐이다."[2] 테일러주의(3장 참조)는 바로 이런 일을 위해 고안된 것이다. 기술이 발달한 현대 사회를 비롯해 어느 사회에나 그러한 직업은 많이 있다. 하지만 오늘날에는 로봇공학과 인공지능 기술이 발전함에 따라 이런 직업들이 점점 희귀해지고 있다.[3]

하지만 중요한 사실은 대부분의 민간 부문 직업이 이런 기준을 충족하지 **못한다**는 것이다. 이 기준이 충족되지 않는 한, 측정된 성과에 따른 직접적인 지급은 부적절할 뿐 아니라 어쩌면 역효과를 낳을지도 모른다.

사람들은 인정과 보수의 측면에서 모두 성과에 대한 보상을 받고 싶어 한다. 하지만 다양한 자질에 기초한 승진(및 임금 인상)과 측정된 산출에 근거한 직접적인 보수는 서로 다르다. 대부분의 노동자는 눈에 보이지는 않지만 실질적인 성과를 내는 많은 활동을 통해 회사에 기여한다. 업무와 관련하여 참신한 아이디어나 더 좋은 방법 생

성과지표의 배신

각해내기, 동료들과 아이디어와 자원 교환하기, 팀 활동에 참여하기, 부하 직원 멘토링하기, 공급자 또는 고객들과 관계 맺기 등의 활동이다. 아무리 서류로 입증하기 힘들고 보상을 결정하는 사람들의 상당한 판단력이 요구되는 일이라 할지라도, 승진과 상여금을 통해 그러한 활동에 보상하는 것은 적절하다. 성과에 따라 수치를 부과하는 것도 문제는 되지 않는다. 사람들을 저울에 올려놓고 평가하는 일에는 아무 문제가 없다. 그 저울이 너무 일차원이라서 표준화와 측량이 쉬운 몇 가지 산출만을 측정할 때 문제는 발생한다.

실제로, CEO을 비롯한 기타 인력에 대한 성과급 지급과 관련한 학문적 증거는 상당히 골치가 아프기 때문에 조직행동을 연구하는 일부 학자들은 그냥 성과급을 없애는 것이 좋겠다는 의견도 내놓는다. 일부 회사에서는 실제로 그렇게 하고 있다. 런던경영대학원의 댄 케이블Dan Cable과 프릭 버뮬렌Freek Vermeulen 교수는 우리가 지금까지 탐구한 많은 문제, 즉 성과급이 창의성에 미치는 부정적인 영향, 장부 조작 문제, 측정 장치의 필연적 결함, 장기적 성과를 규정하는 데 따르는 어려움, 내적 동기가 설 자리를 잃게 만드는 외적 동기의 강조 등을 상기시킨다. 두 사람은 고위직 간부에 대한 성과급을 없애고 이를 높은 고정 임금으로 대체하는 것이 더 이로울 수 있다고 결론지었다. 심지어 회사는 고위 간부들이 외적 동기에 자극을 받는 것을 원하지 않을 수 있다는 다소 이단적인 주장도 하는데, 그러면서도 보상이 가변적이고 측정된 성과와 긴밀하게 연계될수록 회사에는 외적 동기에 자극을 받는 사람들이 남을 가능성이 높다고 강조한다.[4] 영국의 유명 투자자 중 한 명이자 143억 파운드를 운용 중인 우드퍼드 인베스트 매니지먼트Woodford Investment Management의 펀드 매니저인 닐 우드퍼드Neil Woodford는 회사 간부들의 상여금을 없애고 높은 고정 임금을 도입하면서 상여금과 성과는 거의 별개라고 주장했다.[5]

관리자들이 직원들을 서로 비교해 평가하도록 고안된 강제 순위는 측정 강박의 또 다른 징후다. 이 순위는 "확실"하고 "객관적"인 것처럼 보이지만 더러 역효과를 내는 것으로 나타난다. 대기업에서 일하는 인적자원 전문가 200명 이상을 대상으로 치른 2006년 설문 조사에 따르면 "절반이 넘는 회사들이 강제 순위를 사용하지만, 이 방식이 오히려 생산성 저하, 불공평, 회의론, 직원 참여도 감소, 협업 감소, 사기 저하, 지도부에 대한 불신 등의 문제를 초래한다고 응답자들은 보고했다."[6]

성과 순위가 직원들의 사기 저하를 낳는다는 사실을 알아채고 성과 상여금에서 한 발 물러나는 기술 회사들이 늘고 있다. 이 회사들은 (탁월한 고성과자에게 특별 보상을 지급하는 한편) 상여금을 주식 또는 스톡옵션과 결합한 높은 기본급으로 대체함으로써 직원들에게 회사의 장기적인 발전에 따른 가시적인 이익을 제공하고 있다.[7]

하지만 연간 순위를 중단하고, 감독관과 동료, 내부 고객이 직원의 성과에 대해 지속적으로 온라인 피드백을 제공하는 "크라우드

소싱 기반의" 지속적인 성과 데이터를 도입하고 있는 회사들도 있다. 이 방법은 프라이팬을 불구덩이로 대체하는 것일 수 있는데, 직원들이 칭찬을 받기 위해 끊임없이 꼼수를 부리는 한편 어디에나 존재하는 감시의 눈길에 분개심을 느끼게 되기 때문이다.[8] 이는 데이브 에거스Dave Eggers가 2014년 소설『더 서클The Circle』에 담아낸 디스토피아적 미래다. 하지만 정보기술의 발전으로 여러 가지 작업 성과지표를 감시하기가 쉬워짐에 따라 성과급이나 상여금 또는 수수료의 형태로 임금과 성과를 연계하려는 유혹은 전에 없이 커질 것이고,[9] 측정 범위가 너무 제한적이고 팀워크와 혁신을 방해할 위험이 있다는 증거는 전혀 힘을 쓰지 못할 것이다.

기업이 겪는 기능 장애의 대부분은 단일 결과만을 측정하는 성과급 제도가 원인이다. 문제는 기업의 계층 사다리 상단과 말단에서 모두 발생한다.

고위 간부들과 관련된 급진적인 사례로 제약회사 마일란Mylan을 들여다보자. 마일란은 미국 최대 규모의 제약회사에 속하지는 않지만(수익 기준 11위, 시가총액 기준 16위), 간부급 보상 수준은 두 번째로 높다. 2015년 12월까지 5년의 기간 동안, 이 회사의 최고 경영자 세 명은 각각 7000만 달러가 넘는 수익을 챙겼다. 그동안 회사의 주가는 155퍼센트 상승했다. 2014년에 마일란 이사회는 회사의 수익이 매년 16퍼센트씩 늘 때마다 후한 보상을 해주는 고위 간부급 보상

계획을 개시했는데, 이는 의약품을 주로 취급하는 회사치고 합리적인 기대를 훨씬 뛰어넘는 수준이었다. 일반적으로 의약품은 높은 경쟁률이 수익에 기여하는 정도가 그다지 크지 않는 "성숙 시장"으로 간주된다.

마일란의 가장 큰 이익 중심점은 심한 알레르기성 쇼크 시 피부에 쉽게 에피네프린(아드레날린제)을 주입하는 펜형 주사제 에피펜 EpiPen이었다. 1회 주입당 지속력이 짧은 데다, 알레르기성 쇼크를 앓는 아이들은 집과 학교에서 이 펜이 필요하기 때문에 위험 환자가 있는 많은 가정에서는 한 번에 여러 개를 비축해두어야 한다. 또한 약물의 효과가 12~18개월 후에 사라지므로 펜을 자주 교체해야 한다. 에피펜을 만든 회사는 마일란이 아니었다. 다른 회사가 이 펜을 개발한 뒤 1987년에 시장에 소개했고 2007년에 마일란이 그 판권을 사들인 것이었다. 하지만 시장에 유력한 경쟁자가 없었기 때문에 마일란이 에피네프린 주사제 시장을 거의 독점하다시피 했다.

2011년 마일란은 고위 간부 중 한 명인 헤더 브레시Heather Bresch를 2012년 1월부로 최고 경영자CEO로 승진시키겠다고 발표했다. 그리고 2009년부터 2013년까지 펜 2개들이 묶음의 정가를 100달러에서 263달러로 올린 뒤, (때마침 고위 간부들을 위한 새로운 인센티브 제도가 발효된) 2014년 5월에 461달러로 가격을 2배 올렸고 2015년 5월에 다시 608달러로 가격을 대폭 인상했다.[10]

2016년 여름 무렵, 많은 성인뿐 아니라 (마일란의 마케팅 캠페인 덕분에) 수천 명의 취학 연령 아이들도 사용하던 이 필수 장치의 바가지 가격은 대중의 항의와 국회 청문회 수순을 밟았다. 몇몇 상원의원은 법무부에 마일란의 가격 책정 관행을 조사하도록 요청했다.

회사가 간부들에게 수익을 올리도록 몰아붙이는 동안, 마일란 투자자들에게는 어떤 이익이 있었을까? 브레시가 CEO를 맡을 당시 회사의 주가는 22달러였고, 2015년 6월에는 73달러까지 올랐다. 하지만 회사에 대한 대중의 항의와 이후 이어진 국회 청문회와 법무부 조사로 2016년 10월 주가는 36달러로 폭락했다. 고위 간부들이 초대박 수익 측정지표를 달성하는 데에만 너무 몰두한 나머지, 회사 명성이 곤두박질쳤다.

마일란이 고위급 간부에 대한 성과급 계획으로 주저앉고 있던 바로 그때, 또 다른 대기업이 자사 버전의 성과급 버전으로 앓아 눕고 있었다. 문제의 회사가 겨냥한 대상은 조직 사다리의 상단이 아닌 하단이었는데, 금전적 보상이라는 당근으로 성과를 독려한 것이 아니라 성과 목표에 도달하지 못한 사람들에게 강제 계약 종료라는 채찍을 내민 것이었다.

그 결과는 어땠을까? 그 주인공인 웰스 파고Wells Fargo는 미국 주요 은행으로, 경제적으로 열악한 환경 속에서 운영되고 있었다. 연방준비제도이사회가 금리를 거의 제로로 낮추는 바람에 은행이 대출 확대로 수익을 내기 어려운 구조였다. 2011년, 웰스 파고는 수익 제고를 위해 "끼워 팔기"를 장려했다. 일반 상품(예: 저축예금 계좌)에 관심 있는 고객에게 초과인출 커버리지 프로그램이나 신용카드 같은 수익성 좋은 추가 서비스 가입을 권유하도록 직원들에게 할당량을 정해준 것이었다. 할당량을 채우지 못하는 것은 곧 무급 추가 근무와 계약 종료에 대한 협박을 의미했다. (아마 이 회사에 영감을 준 것은 영화 〈글렌게리 글렌 로스〉에서 알렉스 볼드윈이 연기한 블레이크일 것이다. 지역 영업소의 관리감독을 담당하는 블레이크는 영업 직원들에게 세일즈 토너먼트의 규칙을 알려준다. "1등 상품은 캐딜락 엘도라도예요. (…) 2등은 스테이크용 나이프 한 세트고요. 3등은 바로 해고랍니다. 감이 오죠?") 하지만 하루에 은행을 찾는 고객 숫자가 한정되어 있다는 점을 감안할 때 할당량 기준이 너무 높게 설정되었다. 수천 명의 웰스 파고 직원들은 가입 할당량을 맞추기 위해 저급한 부정행위로 눈을 돌렸다. 이를테면, 고객에게 알리지 않고 PIN 번호를 만들어 온라인 계좌나 신용카드에 고객을 가입시키는 식이었다. 웰스 파고 경영진이 의도한 바는 아니었다. 경영진은 직원들이 고객에게 합법적인 계좌를 개설해주기를 원했다. 불법 행위의 증거를 적발한 웰스 파고는 약 5300명의 직원을 해고했다. 하지만 빈발하는 부정행위는 회사 경영진이 직원들에게 성과 할당량을 정해줄 때 자연스럽게 나올 수 있는 반응이었다.

2016년 9월에 대규모 부정행위에 대한 뉴스가 보도된 후 웰스 파고에는 연방 소비자금융보호국으로부터 1억 달러, 로스앤젤레스 시대변인으로부터 5000만 달러, 미국 저축기관감독청으로부터 3500만 달러의 벌금이 부과되었다. 회사에 끼친 손해는 금전만이 아니라 평판에도 미쳤다. 웰스 파고의 주식 가치는 8월 말 약 50달러에서 9월 말 43달러로 떨어졌다. 이 사례에서도 측정된 성과에 따른 보상과 처벌은 부메랑 효과를 낳았다.[11]

마일란과 웰스 파고의 사례는 오래전부터 자주 되풀이되던 패턴으로, 측정된 성과에 따른 지급 정책은 직원들이 회사의 평판에 장기적인 손해를 끼치는 행동에 가담하도록 유도한다.[12]

이것은 인간의 본성에 따른 문제일까, 아니면 성과급의 신조가 보급되면서 생기는 문제일까? 표현을 바꾸어 말하면, 편협하고 이기적인 대리인의 개념은 피할 수 없는 현실일까, 아니면 자기 암시적인 단순한 인간행동 모델에 기초한 외적 보상을 사용하는 경영 이념 때문에 악화되는 것일까? 때때로, 회사가 경영자를 비롯한 직원들을 다루는 방식은 직원들의 사고 방식에 영향을 미치고, 결국 직원들은 속임수와 간교를 이용해 가장 근본적인 형태의 주인-대리인 이론으로 상정되는 편협하고 이기적인 행동을 하게 된다.[13] 실제로 이런 환경에서는 성과지표의 작동 원리를 가장 잘 아는 경영자와 직원이 가장 쉽게 자신의 이익을 위해 이 지표를 조작할 수 있고 실제로 그렇게 할 가능성도 가장 크다.[14] 타이코Tyco의 CEO 데니스 코즐로브스키Dennis Kozlowski, 월드컴WorldCom의 CEO 버나드 에버스Bernard

Ebbers, 아델피아Adelphia의 CEO 존 리거스John Rigas를 예로 들어보자. 세 사람은 모두 2000년대 초에 회사 거래에 대한 상세한 지식을 이용해 자신들의 보상 기준이 되는 성과 측정치를 조작함으로써 사욕을 채운 혐의로 감옥에 갔다.[15]

이런 스캔들에 대응해 2002년 사베인스-옥슬리법Sarbanes-Oxley Act이 통과되었는데, 공공기업의 이사회 회원들에게 재무 재표의 정확성에 대한 법적 책임을 지게 함으로써 어느 정도 기업의 성과 책임성을 강화하고자 한 법이었다. 기업이 이 법을 준수하는 데에는 상당한 추가 비용이 들지만, 기업 재무 보고서의 타당성에 대한 대중의 신뢰를 강화해줄 수 있고 따라서 투명성의 이점에 대한 증거도 제공한다. 하지만 이사회의 각 회원에게 부과되는 법적 책임성이 늘어남에 따라 경제학자들이 측정할 수 없는 형태의 비용 또한 부과되었다. 포춘 500대 기업의 이사회들에 자문을 제공하는 한 컨설턴트(누구나 알 만한 이유로 이름을 밝히지 않았다)가 내게 말한 것처럼, 사베인스-옥슬리법이 통과된 이후 이사회 회원들은 회사 재무 보고서의 정확도를 확보하는 데에만 너무 몰두해 이사회의 1차 업무를 논의할, 다시 말해 회사의 장기적인 미래에 대해 전략적으로 숙고할 시간과 의향이 부족했다! 결국은 측정되는 항목, 그래서 잠재적으로 처벌되는 항목의 일**만** 완수된다.

| 금융 위기 |

2008년의 금융 위기에는 많은 원인이 있었다. 그중 몇 가지는 지역적 지식에 기초한 판단을 표준화된 측정지표로 대체하려는 데서 비롯되었고, 이는 성과급 계획의 영향으로 악화되었다.[16]

금융 회사를 포함한 기업들은 보유 자산을 늘리고 다각화함에 따라 서로 이질적인 사업체를 감독하고 조정할 새로운 층의 경영진이 필요했다. 최고 경영층의 관점에서 사업의 다각화는 간부들이 별로 친숙하지 않은 자산을 관리하고 있다는 것을 의미했다. 그 결과, 서로 이질적인 큰 조직체들의 성과를 측정하기 위한 표준화된 수단을 찾게 되었다. 여기에 내포된 전체는 다음과 같았다. 수치상으로 측정 가능한 정보는 꼭 필요한 유일한 지식이며, 수치상의 데이터는 다른 형태의 조사들을 대체할 수 있고, (경험적 조사보다 확률적 공식을 전제로 하는) 숫자 감각은 기본 자산에 대한 실질적인 지식을 대체할 수 있다는 것이었다.

금융 위기에 기름을 부은 것은 측정 데이터의 분석과 조작에는 능숙하지만 생산품 또는 거래 상품에 대한 "구체적인" 지식이나 경험은 부족한 재무 관리자의 역할 확대였다. 니얼 퍼거슨Niall Ferguson의 말처럼, "신들은 파멸로 이끌 사람들에게 가장 먼저 수학을 가르친다."

2008년 금융 위기의 서곡이 된 사건들을 간략하게 정리하면 이렇다. 전통적으로, 은행(또는 개인 투자가)들은 직접적으로 만나는 고객에게 주택담보대출을 제공했기 때문에 신용할 수 있는 고객과 그렇지 않은 고객을 판단할 수 있는 위치에 있었다. 또한 그런 판단력을 발휘해야 할 동기도 충분했다. 은행(또는 투자가)이 계속 그 담보를 보유하게 되므로 채무자의 신뢰도에 따라 은행의 미래 수입이 달라졌기 때문이다.

이 시스템은 2000년 무렵에 변화를 맞기 시작했고, 2008년에 새로운 시스템으로 대대적으로 대체되었다. 은행의 자본 규제에 변화가 찾아옴에 따라 전통적인 주택담보대출의 개시와 보유는 수천 개의 주택담보대출로 구성된 증권을 보유하는 것보다 수익성이 떨어졌다.[17] 이제 주택담보대출의 주체는 은행이 아닌 모기지(주택담보대출) 중개 회사였고, 이 회사들은 자사가 처리한 주택담보대출 건수에 따라 돈을 벌었지만 모기지의 장기적인 상환 가능성에는 관심을 갖지 않았다. 컨트리와이드Countrywide 같은 모기지 창시 업체들은 집을 사려는 사람들에게 대출을 제공한 뒤 이런 대출을 1천 개의 꾸러미로 묶어 리먼브라더스 같은 은행에 판매했다. 이 업체들은 자사가 발행한 모기지론의 장기적인 상환 가능성에는 관심이 없었으므로 점점 더 "약식 서류" 또는 "무서류" 대출을 제공하게 되었다. 이는 대출자에게 대출금을 실제로 갚을 수 있다는 증빙 자료를 거의 요청하지 않았다는 의미였다. 하지만 은행 역시 사들인 모기지론을 그대로 두지 않고, 이 모기지론을 담보물로 발행되는 이자 채권인 "모기지담보증권"을 만들어 투자가들에게 팔았다. (무디스 같은) 신용평가회사들의 조언에 따라 금융공학자들은 이런 모기지담보증권에서 최대 수익을 뽑아내기 위해 상환 가능성이 높은 대출자들의 양질의 모기지와 다소 미심쩍은 모기지를 조합한 뒤,[18] 다양한 이율에 따라 각기 다른 리스크 수준을 지닌 "분할 발행 채권"으로 만들었다. 이 모든 행위의 이면에는 이러한 다각화가 각각의 자산에 대한 실사를 대신할 수 있다는 금융업계의 믿음이 있었다. 즉, 다양한 자산을 적당량 꾸러미로 묶어버리면 그 자산들에 대해 많은 것을 알 필요도 없고 상환 가능성에 대한 판단도 필요하지 않다는 생각이었다.

그 결과, 수학적으로 복잡한 새로운 금융 상품들이 만들어졌다. 그중 하나인 신용 부도 스와프는 모기지담보증권의 가치가 급작스러운 변동을 겪을 위험에 대비해 만든 것이었다. 이는 수학적 복잡화를 이용해 리스크를 줄이는 것이 목적이었지만, 실상은 소수의 분석가 외에는 어떤 일이 벌어지고 있는지 알 수 없는 상황을 만들었다. 또한 불가사의한 금융 상품의 등장으로 회사 내의 관리자도, 외부의 규제담당자도 효과적인 감독이 사실상 불가능했다.

판단의 대체 역할을 한 마녀의 가마솥 같은 이 미심쩍은 측정지표에 더하여, 리먼브라더스 같은 은행에서는 상급 직원들의 보수가 성과급에 바탕을 둔 상여금의 형태로 지급되었다. 이와 같이 불투명한 조건 속에서 과도한 위험 부담을 지는 데 있어서 측정지표는 수단을 제공하고 성과급은 동기를 제공했다.[19] 그러다 대출자들이 대출금을 갚을 능력이 없다는 사실이 증명되자 모기지담보증권의 가치가 동반 하락했고, 이는 신용 부도 스와프로 모기지담보증권의 위험에 대비했던 금융 회사에 거대하고 예상치 못한 손실을 안겨주었다. 결국, 금융 시스템이 거의 붕괴되는 사태가 벌어졌다.

| 단기 성과주의 |

미심쩍은 성과지표들이 또 다른 방식으로 경제를 왜곡했는데, 바로 단기 성과주의였다.

최근 몇십 년간 비즈니스 세계에서 맞은 가장 중대한 변화는 아마도 미국에서 일어난 경제의 금융화일 것이다.[20] 불과 1980년대만 해도 금융은 미국 경제의 필수적이면서도 제한된 요소였다. 주식 거래(주식 시장)는 장기적인 전망이 낙관되는 회사의 주식에 자본을 투자하는 크고 작은 개인 투자자로 구성되었고, 투자 자본은 월가의 주요 투자 은행(및 외국 투자 은행)에서 확보할 수 있었다. 파트너사들의 투자금은 이런 개인적인 협업 관계에 달려 있었다. 하지만 (연금 기금과 대학 기부금, 외국인 투자가를 출처로 하는) 더 큰 자본 풀을 투자에 이용할 수 있게 되고 그 활용의 주체가 자본의 주인이 아닌 자산 운용 전문가가 되면서 전면적인 변화가 일어났다. 그 결과 새로운 금융 시스템이 탄생했는데, 이 시스템을 두고 비주류 경제학자인 하이먼 민스키Hyman Minsky는 "자산운용 전문가 자본주의", 경영대학원 교수인 앨프리드 래퍼포트Alfred Rappaport는 "대리인 자본주의"라고 특징 지었다.[21]

전통적인 월가 투자 은행들은 이런 새로운 기회에 어느 정도 자극을 받아 주식공개회사로 변신했다. 다시 말하면, 이 은행들도 자사의 기금뿐 아니라 다른 사람들의 자본까지 이용해 투자하기 시작했고, 연간 수익에 따라 파트너사 및 직원들의 상여금을 결정했다. 이 모든 변화는 큰 자본 풀을 관리하고 가정된 성과 능력에 따라 임금이 정해지는 투자 운용사들이 지배하는, 경쟁이 치열한 금융 시스템을 만들어냈다. 이 환경에서 형성된 인센티브 구조는 펀드 매니저들이 단기 수익을 극대화하도록 유도하고, 결국 펀드 매니저들은 자사의 자금이 투자된 기업의 간부들에게 분기마다 흑자를 내도록 압박한다.[22]

성과를 보여야 하는 기간이 확 줄면 연구개발이나 직원들의 기술 향상을 위한 장기적인 투자를 포기하더라도 즉각적인 수익을 끌어올려야 한다는 유혹이 생긴다. (투명성 제공이 목적인) 분기별 수익에 대한 강조와 "분기별 수익 전망"(향후 3개월 동안 회사의 수익성에 대한 경영진의 예상)은 단기 성과주의를 증폭시키는데, 이 측정지표에 따라 주가가 자주 오르내리기 때문이다. 또한 다음 분기 말까지 이 예상 목표를 달성하지 못할 경우 주가 하락으로 이어질 수도 있기 때문에 측정된 성과가 이 예상치를 충족하도록 꼼수를 부리고 싶은 유혹을 뿌리칠 수 없게 된다. 이는 기업 간부들이 분기별 수익 또는 자신의 이익을 끌어올리기 위해 데이터를 조작하거나 유지보수와 인적자본 형성(지속적인 직원 교육)에 저투자하는 등 생산성 또는 수익성을 보여주는 데 자신의 창조적인 에너지를 쓰도록 하는 엄청난 동인을 만들어낸다. 2016년 초에 세계 최대 투자 기업 블랙록BlackRock의 CEO인 래리 핑크Larry Fink가 "오늘날의 분기별 수익 문화는 우리에게 필요한 장기적인 접근법에 완전히 어긋난다"고 공개 항의서를 쓸 만큼, 장기적 성장에 대한 저투자 경향은 대단히 심각했다.[23]

측정지표에 대한 꼼수는 종종 단기 목표치를 달성하기 위해 장기적으로 쓰여야 할 자원을 눈앞의 이익에 투자하는 형태를 취한다. 몇 배의 매각 이익을 남기기 위해, 꼭 필요한 노동자들을 해고하는 방법으로 수익을 끌어올리려는 회사를 생각해보자. 또는 분석가들의 분기별 기대치를 맞추기 위해 꼭 필요한 투자를 연기함으로써 회사 수익을 매만지는 CEO나, 분기별 보고서에 올릴 목적으로 때맞춰 실적이 좋은 주식을 매수하고 실적이 저조한 주식을 매도하면서, 실적이 좋은 주식을 높은 가격에 매수했고 실적이 저조한 주식도 그대로 두면 오를 수 있다는 사실을 숨기는 자산운용 전문가를 생각해보자. 이는 주식 시장에서 "윈도드레싱"으로 알려진 방식이다.[24]

조직학 전문 학자인 넬슨 리페닝Nelson Repenning과 레베카 헨더슨Rebecca Henderson이 최근에 주장한 것처럼, 측정 가능한 성과지표에 대한 집중은 경영자가 명확한 성과 측정이 불가능한 업무를 소홀히 하도록 만들 수 있다.[25] 평판, 직원 만족도, 동기, 충성도, 신뢰, 협업 같은 무형의 자산은 측량할 수 없기 때문에 성과 측정지표에 현혹된 이들은 장기적인 결과를 희생하더라도 단기적인 이익을 위해 자산을 쥐어짜낸다. 이 같은 이유로, 측정 가능한 측정지표에 대한 의존은 동시대 미국 기업들을 늘 따라다니는 병폐인 단기 성과주의를 조장한다.

| 그 밖의 역기능 |

예산 목표를 맞추면 보수, 상여금, 승진 같은 보상을 해주는 제도에는 또 다른 위험이 있다. 바로 조직의 정보 체계를 왜곡하는 것이다. 경영자와 직원들은 보수 산정에 사용되는 수치를 조작하거나 윤색하거나 가장하기 위해 거짓말하는 법을 배운다. 하지만 이 수치는 간부들이 조직의 활동을 조율하고 미래 자원의 할당을 결정하는 데에도 사용되기 때문에 자원이 잘못 할당될 때 조직의 생산성과 효율성도 피해를 입게 된다.[26]

정보에 근거한 판단을 정확한 측정으로 대신하려는 시도는 필연적으로 추측과 위험이 수반되는 혁신 또한 제한한다. 경영대학원 교수인 게리 피사노Gary Pisano와 윌리 쉬Willy Shih는 다음과 같이 주장했다.

대부분의 회사는 투자 기회를 평가하기 위한 고도의 분석법을 고집한다. 그럼에도 장기적인 연구개발 프로그램을 계량적인 기법으로 평가하는 것은 여전히 어렵다. (…) 일반적으로 데이터나 심지어 합리적인 추정치도 활용도가 떨어진다. 그럼에도 이런 도구들이 자금의 투입처를 정하는 궁극적인 결정권자가 되는 경우가 비일비재하다. 결국 결과를 예측하기 쉬운 단기 프로젝트들 때문에 기술상, 운영상의 역량을 보충하는 데 필요한 장기적인 투자가 우선순위에서 밀려난다.[27]

책임성의 측정수단으로서 성과 측정지표는 일이 잘못될 때 책임 소재를 파악하는 데 도움을 주지만, 성공을 유도하는 데에는 별로 도움이 되지 않는다. 성공에 상상력과 혁신, 위험이 수반될 때 특히 그렇다.[28] 경제학자 프랭크 나이트가 거의 한 세기 전에 말한 것처럼, 실제로 기업가 정신은 "측정할 수 없는 불확실성"을 수반하는데 이는 계량화된 분석 기법으로 계산이 되지 않는다.[29]

이와 같이, 측정 강박은 비즈니스와 금융 분야에서도 손해를 끼친다. 사업체는 한 가지 이상의 성과지표로 판단해야 한다. 수익은 분명 중요하다. 하지만 장기적으로는 평판, 시장 점유율, 고객 만족도, 직원의 사기 또한 중요하며, 이 요소들은 시장에서 불가피하게 발생하는 새로운 문제에 적응하고 해결책을 찾도록 도와준다. 예측할 수 없는 변화에 따라 성패가 좌우되는 경제 세계에서는 단 하나의 성과 목표로 간단하게 환원할 수 없는, 크고 작은 지속적인 혁신이 필요하다. 성과지표는 경영의 핵심 기능(미래 전망, 판단, 결정 등)을 보조할 수는 있어도 대체하기는 어렵다.[30]

자선 사업 및 대외원조

지금까지 살펴본 것처럼, 성과 측정지표는 정부 기관과 영리사업 부문에서 역기능을 낳기 쉬우며, 이는 비영리기관에서도 마찬가지다. 이전의 연구 사례들과 마찬가지로, 우리의 목적은 이 분야를 전체적으로 조사하는 것이 아니라 몇 가지 모범 사례를 제시하는 것이다.

기업과 정부 기관처럼, 자선단체 역시 투명한 운영 방식으로 기부자들에게 책임성을 다해야 한다는 압박을 받으며, 이를 위한 가장 확실한 방법은 성과 측정지표를 활용하는 것이라는 인식이 있다. 기부자들은 기부금이 해당 기관의 공언 목표에 맞게 효율적으로 사용되기를 원할 것이다. 하지만 그것을 어떻게 평가할 수 있을까? 기부자들은 기부금이 자선단체 직원들의 이익을 위해 유용되지 않는다는 것을 어떻게 확신할 수 있을까?

최근 몇십 년간 측정 강박에 심취된 기금제공자(재단, 정부, 개인)들은 자선 활동이나 프로그램이 아닌 행정 및 모금 활동비("경상비" 또는 "간접비")로 쓰인 각 자선단체의 예산 비율을 측정하고 공개하는 것이 그 해결책이라고 결론지었다. 여기서도 지금까지 봐온 측정 지표의 사용 패턴이 나타난다. 측정되는 항목은 가장 쉽게 측정되는 항목이고, 자선기관의 성과 결과는 투입보다 측정하기 어려우므로 자연스럽게 투입에 관심이 쏠린다. 극단적인 상황에서는 경상비 대비 프로그램 비용의 비율이 사기 또는 부실한 재정 관리를 가려내는 유용한 지표가 될 수도 있다. 하지만 이례적인 사례에서나 쓸모가 있을 법한 측정 성과를 모든 사례로 확대하는 경우가 너무 비일비재하다.

대부분의 자선단체에서, 낮은 경상비와 높은 생산성을 동일시하는 것은 기만적일 뿐 아니라 오히려 역효과를 낳는다. 자선단체의 성패는 전문 교육을 받은 유능한 직원의 여부에 달려 있다. 또한 충분한 컴퓨터 및 정보 시스템과 편리한 사무실이 필요하다. 그리고 당연히 모금 활동을 지속할 역량도 있어야 한다. 하지만 자선단체의 효과성이 그 경상비와 반비례한다는 가정은 경상비 지출 축소와 조직 관리 능력 저하를 초래한다. 숙련된 고급 인력 대신 초보자가 대거 등용되고, 높은 직원 이직률에 비효율적인 구식 컴퓨터 시스템까지 더해지면서 결국 진행 중인 활동이나 신규 프로그램을 위한 모금 활동에 효율성 저하가 나타난다. 설상가상으로, 보고서를 요구하는 기금제공자들의 목소리가 갈수록 커지고, 따라서 서류 작업에 투입되는 인적 시간 비용이 보조금의 대부분을 차지하게 된다.

이를 해결하기 위해 자선기관의 지도부는 자주 수치에 꼼수를 부린다. 주요 인력의 시간 비용이 거의 프로그램에 투입된다고, 또는 모금 활동에 쓴 지출이 없다고 보고하는 것이다. 이런 자구책이 이해가 안 되는 것도 아니다. 하지만 이는 낮은 경상비가 자선단체의 책임성을 판단하는 측정수단이라고 믿는 기금제공자들의 기대치만 키울 뿐이다.[1] 결국 책임성이라는 뱀이 자기 꼬리를 먹어 들어가는 격이다.

| 혁신이냐, 측정이냐 |

측정 강박은 사회와 경제 발전을 위한 정부의 대외원조에서 분명히 나타난다. 대외원조와 관련하여 어느 정도 근거가 있는 뿌리 깊은 회의론이 존재하는데, 대외원조가 비생산적이고 역효과를 낳은 경우가 많다는 것이다.[2] 하지만 일부 대외원조 프로그램은 빈민국의 건강과 교육, 경제 발전, 심지어 정치적 안정에 기여하기도 한다. 미국의 정부 기관들은 효과가 있는 프로그램과 그렇지 않은 프로그램을 가늠하기 위해 점점 더 측정지표에 눈을 돌렸고, 결국 이는 지금쯤 독자 여러분도 예상할 만한 결과를 초래했다.

성과가 쉽게 계량화되지 않는 프로그램은 축소된 것이다. 예를 들어, 초등학교 입학률과 식자율은 미국 대학에 입학한 빈민국 학생들에게 장학금을 지급하면서 실현되는, 미래 엘리트들에 대한 문화 교육 같은 것보다 측정하기가 쉽다. 이로 인해, 측정지표가 평가의 기준이 되면 단기적인 혜택을 입증할 수 없는 프로그램들은 제물이 된다. 일례로, 미국국제개발처USAID의 장학금 프로그램은 백악관 예산 집행부에 의해 폐지되었는데, 프로그램의 혜택을 달리 기준으로 환산할 수 없고 따라서 정부가 그 혜택이 비용을 능가하는지 알 수 없다는 이유였다.[3]

여기서도 측정지표는 단기 성과주의를 부추긴다. 국제개발 부문에서 오랜 경험을 쌓은 저명한 정부 관료인 앤드루 내치어스Andrew Natsios는 이 분야의 정부 기관 종사자들이 "잘못된 측정 강박 장애에 감염되었다. 이 인지기능장애는 정부 프로그램의 세부를 빠짐없이 계산하는 것이 바람직한 정책 결정과 관리 개선으로 이어진다는 개념에 깊이 뿌리 박고 있다"고 언급한다. 계량화에 대한 강조는 장기적인 혜택을 가져올 프로그램, 다시 말해 저개발 국가의 행정 업무 및 사법제도에 대한 기술과 지식, 규범을 개선시켜줄 프로그램을 방치시키는 결과를 낳는다. 측정 강박 장애를 앓는 사람들은 "개발 이론의 중심 원칙, 즉 측정이 정확하고 쉬운 개발 프로그램일수록 혁신성이 떨어지고, 혁신성이 큰 프로그램일수록 측정하기가 어렵다는 사실"을 무시한다고 내치어스는 주장한다.[4] 그중에서도 능숙한

성과지표의 배신

지도력과 관리 역량을 개발하는 프로그램들은 가치가 높다.

여기서도 측정하기 쉬운 것을 측정하려는 욕심은 결과가 아닌, 요식 절차 같은 측정 가능한 투입에 눈을 돌리게 만든다. USAID의 한 관리는 어떤 학자에게 "역량 개발 활동의 효과성을 계량화하는 효과적인 방법을 아무도 생각해내지 못했다. (…) 그래서 USAID는 보고의 효율성에 초점을 맞추는 대신, 워크숍 개최 횟수나 교육에 참여한 인원 수처럼 측정이 가능한 항목에 집중한다"고 털어놓았다.[5]

더 많은 측정과 계량화를 요구하는 목소리는 의회 위원회뿐 아니라 예산관리국 같은 책임집행기관과 회계감사원에서도 흘러나온다. 이런 기관에서 일하는 사람들은 대부분 "회계사, 경제학자, 조달 관리, 입법부 직원들이며 (…) 대학에서 계량화를 극구 강조하던 공공 행정학, 비즈니스 행정학, 경제학 교수들의 생각을 그대로 답습하고 있다."[6] 이 측정 전문가들은 측정지표라는 신성한 불을 지키는 베스타의 여사제들이자, 고위 관리들을 측정이란 종교로 인도하는 포교자들이다. 이 종교는 성과를 측정하고 책임성을 보장하는 통계 보고서의 형식으로 상당한 시간과 에너지를 제물로 바칠 것을 요구한다.

여록

투명성이 성과의 적이 될 때
정치, 외교, 기밀정보, 결연

14

측정지표가 사람들의 마음을 끄는 데에는, 조직이 불투명하면 대응이 늦지만 외부의 감시를 받으면 효율성이 강화될 것이라는 개념이 상당 부분 기여한다. 1980년대 중반에 구글의 엔그램 뷰어상에서는 "성과 측정지표"와 "투명성"이 가파른 상승을 보이는데, 이 두 용어의 상승 패턴이 거의 나란하다. 성과와 투명성이 결을 같이한다고 추정하는 것은 우리 문화의 특징이다. 하지만 이는 잘못된 생각, 적어도 오해의 소지가 있는 일반화다. 왜냐하면 성과 측정의 효과에 한계가 있는 것처럼, 투명성의 효과에도 한계가 있기 때문이다. 일부 사례에서, 조직의 성과 수준은 조직의 **비**투명성에 달려 있다. 여기서 논쟁이 되는 것은 측정지표의 문제가 아니라 넓은 의미에서 성과의 문제, 다시 말해 우리가 의도한 일이 성공하는가의 문제다. 그리고 투명성의 어두운 단면을 제대로 인식하기 위해서는 조직이 아닌 대인 관계에서 출발해야 한다.

| 친밀감 |

자아감은 우리의 생각과 욕망이 다른 사람들에게 보이지 **않기** 때문에 형성될 수 있는 것이다. 친밀성은 다른 사람과 비교해 특정 사람에게 자기 자신을 얼마나 투명하게 내보일 수 있는가에 달려 있다. 다음은 당대의 철학자 모셰 핼버털Moshe Halbertal의 의견이다.

어떤 사람의 생각이 이마에 적혀 있어 모두가 보게 된다면 내부와 외부의 차이는 사라질 것이고, 그와 함께 개별화도 없어질 것이다. 은폐 가능성을 통해 표현되는 사적 자유는 결국 우리가 스스로를 한 개인으로서 정의할 수 있는 능력을 지켜준다. 뿐만 아니라 자아는 서로 다른 정도의 노출과 친밀감을 표시함으로써 특별한 관계를 형성할 수도 있다. 자아는 누설과 은폐를 적절히 배분하고 서로 다른 정도의 거리감을 형성함으로써 사회적 공간을 만들어 나간다.[1]

대인 관계에서, 심지어 매우 친밀한 관계에서도 성공적인 교류는 애매성과 불투명성의 정도에 달려 있다. 상대방의 생각은 차치하더라도, 상대방이 하는 일을 다 알고 있다고 해서 관계가 깊어지는 것은 **아니다.**

| 정치와 정부 |

정치는 관련된 행위자가 많고 따라서 더 많은 이해관계와 감정이 오고 가기 때문에 일정한 수준의 불투명성이 더욱더 필요하다. 정치인의 주요 역할 중 하나는 그런 다양한 이해관계와 감정을 중재하고 차이를 좁혀 합의에 도달하는 것이다. 이 전략에는 이 이해관계와 저 이해관계를 서로 교환함으로써 어떤 당사자에게는 완전히 만족스럽지 못하더라도 여러 이해관계자에게는 어느 정도 괜찮은 절충안을 찾아 나가는 협상의 과정이 수반된다. 달리 말하면, 적어도 당사자들에 의해 규정되는 여러 가지 입장을 흥정하는 과정이 필요하다. 대개 이는 여러 요구자의 관점이 차단된 채 협상이 이루어질 때만 가능한 일이다. 각각의 요구자는 공개적으로 규정된 자신의 "투명한" 입장을 뒤흔드는 절충안에 대해서 무조건 거부 의사를 표시할 수 있기 때문이다. 정치인들이 말하는 "창조적인 기브 앤드 테이크"를 특수이익단체의 공론가 또는 대표들은 "밀고"라고 칭한다. 바로 이런 이유 때문에, 사안이 민감할 때는 비공개 협상 절차가 가장 효과적이다. 전 민주당(다수당) 하원 대표였던 톰 대슐Tom Daschle 의원이 최근에 주장한 것처럼, "모든 대화를 감시하는 TV 카메라가 있다면 워싱턴이 더 잘 돌아갈 것이라는 생각은 정확히 틀린 계산이다. (…) 오늘날 사회적 역기능의 근본적인 원인은 허심탄회한 대화와 창조적인 기브 앤드 테이크를 할 기회가 부족한 데 있다."[2] 또한 유능한 정치인들이 어느 정도 위선적이어야 하는 이유, 즉 공개 지지보다는 밀실 협상에서 더 유연성을 추구해야 하는 이유도 이것 때문이다. 여러 절충안이 마련된 후 한 가지 거래가 성사되었을 경우에만 이를 투명하게 공개 조사에 부칠 수 있다.[3]

정부의 성과도 마찬가지다. 정부 기관의 효과적인 기능 역시 내부 심의를 대중에게 공개하기보다는 어느 정도 불투명성을 유지하는 데 달려 있다. 우리는 일반에 알려야 할 정부의 요소와 공개하지 않아야 할 요소를 잘 구분해야 한다. 공직에도 몸담은 적 있는 다방면 전문가 캐스 선스타인Cass R. Sunstein 교수는 정부의 투입과 산출을 훌륭하게 구분해낸다. 산출은 정부가 사회적·경제적 동향에 맞춰 생산하는 데이터뿐만 아니라 규제 같은 정부 조치의 결과까지 포함한다. 산출은 최대한 공개적인 접근이 가능하도록 해야 한다는 것이 선스타인의 주장이다. 이와 대조적으로, 투입은 정부의 의사결정에 들어가는 논의, 다시 말해 정책결정자와 공무원 간의 논의다. 그런데 정보공개법FOIA 요청 같은 법적 수단을 통하든, 벵가지 사건(2012년 주 리비아 미국 영사관 테러 사건 — 옮긴이) 조사 시 의회 위원회에서 힐러리 클린턴 전 국무장관의 이메일 서신을 요구한 것처럼 의회 요청 절차를 통하든, 또는 위키리크스 같은 조직이 벌인 정부 내부 문

성과지표의 배신

서의 전자 도난 및 전파처럼 불법적인 수단을 통하든, 이러한 논의 역시 공개적인 접근을 허용해야 한다는 압박이 점점 커지고 있다. 캐스 선스타인은 내부 심의를 대중에 투명하게 공개할 경우 역효과가 나기 쉽다고 주장한다. 자신의 모든 생각과 입장이 공개될 수 있다는 사실을 알면 정부 관리들이 신뢰를 바탕으로 솔직하고 허심탄회한 대화를 주고받을 수 없기 때문이다. 이로 인한 예측 가능한 결과는 정부 관리들이 인쇄 매체로든 이메일의 형태로든 정보의 기록을 꺼리게 되고, 그 대신 구두 대화로만 주요 사안을 논의하리라는 것이다. 하지만 이렇게 될 경우 신중하게 입장을 제시할 기회가 줄어든다.[4] 모든 정책에는 대가가 따르는 법이다. 내부 심의를 투명성의 대상으로 돌린다면, 인기는 있지만 무분별한 정책 규정 또는 바람직하지만 많은 유권자를 불쾌하게 하는 정책 규정을 쳐내기가 불가능해진다. 결국 투입의 투명성은 선한 정부의 적이 된다.

| 외교와 기밀정보 |

투명성은 외교에서도 위험 요소이며 기밀정보 수집에도 치명적이다. 2010년, 미 육군 정보 분석가 브래들리 매닝Bradley Manning은 방대한 양의 군사 및 국무부 기밀 문서를 위키리크스를 통해 폭로했다.[5] 이란, 중국, 아프가니스탄, 아랍권 및 기타 지역에서 미국 외교관들과 내통한 반체제 인사를 포함한 비밀 정보원들의 명단도 그 공개 목록 중 하나였다.[6] 그 결과, 명단에 오른 사람 중 일부는 생명의 위협을 느끼고 거처를 옮겨야 했다. 더 중요하게는, 이 폭로로 대화의 기밀성에 대한 신뢰가 떨어졌기 때문에 미국 외교관들이 향후 정보제공자들을 포섭하기가 더 어려워졌다.

그러던 2013년에는 전 CIA 직원이자 NSA 하와이 지부에서 컴퓨터 보안 전문가로 일한 에드워드 스노든Edward Snowden이 미국 정부의 감시 프로그램을 폭로하기 위해 여러 정부 기관의 극비 문서 수천 건을 체계적으로 복사했다. 스노든이 언론에 공개한 많은 민감한 문서 가운데에는 사이버 작전에 관한 18페이지짜리 대통령정책지시 20 문서도 포함되어 있었다. 잠재적 조치의 표적이 된 모든 외국 컴퓨터 시스템을 폭로한 이 문서는 영국 일간 신문《가디언》에 빠짐없이 공개되었다. 스노든과 주요 언론 매체가 벌인 이 기밀문서 유출 사건은 미국 기밀정보 역사상 가장 중요한 위반 행위였을 뿐만 아니라 미국 및 우방·맹방국의 안보에 치명적인 타격을 입혔다. 하지만 스노든은 미국과 유럽의 대중들에게 영웅으로 불렸다. 스노든발 대참사의 중심에는 투명성은 무조건 바람직한 것이라는 믿음이 있다.

현재 성행하는 정치 형태 중 하나인 굳건한 결연은 일부 문제를 그림자 영역에 둔다. 대인 관계와 마찬가지로, 국제 관계 역시 많은 관행이 모호하고 불투명한 상태일 때 제 기능을 한다. 명료성과 공개는 죽음과 같다. 두 사람 또는 여러 주 사이의 협상력이라 함은 양측이 체면을 잃지 않거나 자부심을 유지할 수 있는 공식을 생각해내는 일을 말하며, 여기에는 의심을 살 만한 원칙, 또는 모호성이 필요하다. 동맹국끼리 의도와 역량, 취약점을 파악하기 위해 어느 정도 서로를 몰래 감시한다는 것은 정부 관리들 사이에 잘 알려진 사실이다. 하지만 이런 사실은 다른 나라의 자부심에 위협이 되므로 공개적으로 인정해서는 안 된다. 게다가 대인 관계처럼 국내 정치와 국제 관계에서도, 국제법과 명확한 규범으로는 완전히 정당화될 수 없지만 웬만큼 용인이 가능하고 쓸모가 있는 관행에 대해서는 어느 정도의 위선이 필요하다.

간단히 말해, 다시 한 번 모셰 핼버털의 주장을 인용할 수 있다.

약간의 합당한 은폐는 국가와 민주 제도를 유지하는 데 필수적이다. 군사기밀, 범죄소탕 기법, 기밀정보 수집, 심지어 노출될 경우 결렬될 위험이 있는 외교 협상까지, 이 모든 영역은 다른 국가 기관들의 일상적인 투명성이 제대로 작동할 수 있도록 비밀에 부쳐야 한다. 투명하고 솔직한 대화는 꽤 광범위한 암흑 영역이 숨겨 있을 때 그 활성화가 보장된다. [7]

우리는 기술(인터넷)의 발달과, 정직을 미덕으로 여기고 부끄러움의 필요성을 거부하는 문화 때문에 프라이버시가 점점 침식당하는 세계에 살고 있다. 이 포스트 프라이버시 사회에서는 사람들이 비밀 유지의 가치를 간과하는 경향이 있다.[8] 요컨대, 마법의 공식으로서 "투명성"의 힘은 그 역효과가 종종 무시될 정도로 대단하다. "햇빛은 최고의 살균제다"란 말은 위키리키즘Wikileakism이라는 새로운 신념의 신조다. 위키리키즘은 모든 조직과 정부의 내부 심의를 공개하면 세상이 더 살기 좋은 곳으로 변할 것이라는 믿음이다.

하지만 대개 이런 공개는 기능 마비로 이어진다. 모든 행동을 강제로 공개해야 하는 정치인들은 입법 행위를 가능하게 하는 절충안에 도달할 수 없고, 자신들이 내린 내부 심의가 대중에 알려질까봐 두려움에 떨어야 하는 관리들은 효과적인 공공 정책을 만드는 데 난관이 따른다. 그리고 국가의 적에 대한 정보를 수집하는 데 기밀 유지가 필수적인 정보기관들은 와해되고 만다. 각각의 사례에서 투명성은 성과의 적이 된다.

4부

결론

의도하지 않은, 예측 가능한 부정적 결과

15

19세기에 오귀스트 콩트Auguste Comte는 사회과학의 목적을 다음과 같은 말로 설명했다. "학식에서 예견이 나오고, 예견에서 (우리 행동에 따른 예상치 못한 결과에 대한) 예방이 나온다." 이제 측정 강박에 대해 많이 알게 되었으니 측정 강박이 불러올 의도하지 않은 부정적인 결과를 예측하고 예방할 수 있을 것이다. 그럼 성과 측정의 올바른 활용법으로 넘어가기에 앞서, 지금까지 여러 사례 연구에서 살펴본 측정지표의 되풀이되는 위험에 대해 정리해보자.

측정되는 항목에만 노력을 기울이게 하는 목표 전치 현상. 목표 전치는 다양한 형태로 나타난다. 단 몇 개의 측정항목으로 성과가 측정되고 거기에 많은 이해관계가 얽혀 있을 때(일자리 유지, 임금 인상, 스톡옵션이 주어진 경우 주가 상승), 사람들은 측정되지 않는 더 중요한 조직적 목표를 포기하더라도 그 측정항목을 충족시키는 데 집중할 것이다.[1] 경제학자 벵트 홀름스트룀과 폴 밀그롬은 이를 비뚤어진 동인의 문제로서 더 공식적으로 묘사했다. 즉, 측정이 가능한 업무를 완수할 때 보상을 받는 노동자는 다른 업무에 투입되는 노력을 줄인다.[2] 그 결과, 조직적 **목적**이 이를 뒷받침해야 하는 측정 수단으로 대체되는 현상이 벌어진다.

단기 성과주의 촉진. 성과 측정은 로버트 머튼이 말한 "이해관계의 긴급한 즉각성"을 재촉한다. "행위자는 눈에 바로 그려지는 결과에만 절대적인 관심을 쏟으므로 그 뒤따른 결과나 다른 결과들은 고려 대상에서 배제된다."[3] 간단히 말하면, 장기적인 고찰을 포기하고 단기적인 목표들을 추구한다.

직원의 시간 비용. 측정지표의 거래비용, 즉 직원들이 측정지표를 편집하고 처리하는 데 쓴 시간 비용과 그 측정지표를 읽는 데 투입된 시간 비용 역시 거래 원장의 차변에 기입해야 한다. 이 문제는 중요한 일이 전혀 일어나지 않을 때조차 쉬지 않고 정보를 만들어내야 한다는 인지된 필요성, 즉 "보고 의무"로 인해 더 심화된다. 때때로 성공의 측정지표는 생성된 보고서의 개수와 크기인 경우가 있는데, 마치 문서로 두루 남겨놓지 않으면 아무 일도 완수되지 않은 것처럼 여기는 것 같다. 결국 조직에 속한 사람들은 데이터를 편집하고 보고서를 작성하며 회의에 참석해 그 데이터와 보고서를 조율하느라 점점 더 많은 시간을 쓰게 된다. 비주류 관리 컨설턴트인 이브 모리외와 피터 톨먼이 주장하는 것처럼, 이제 직원들은 조직의 실제

성과지표의 배신

생산성에 별 도움이 되지 않는 활동들을 하느라 더 오랫동안 열심히 일하면서 자신의 열정을 소진해간다.[4]

효용 체감. 새롭게 도입한 성과 측정지표가 저성과자를 가려주는 데 즉각적인 효과를 발휘하는 경우도 간혹 있을 것이다.[5] 하지만 낮은 가지에 열린 열매를 따고 나면 계속해서 많은 열매를 따고 싶은 것이 사람의 심리다. 문제는 측정지표가 모두에게서 계속적으로 수집된다는 것이다. 따라서 측정지표를 수집하고 분석하는 데 드는 한계비용이 머지않아 한계편익을 넘어서게 된다.

규칙의 홍수. 조직은 꼼수와 편법, 목표 전치 등을 통해 잘못된 측정지표가 넘쳐나는 것을 방지하기 위해 끊임없이 규칙을 만들어낸다. 이 규칙들을 일일이 준수하다 보면 조직의 기능이 둔화되고 능률이 저하된다.

운에 따라 결정되는 보상. 관련된 사람들이 결과를 통제하기 어려운 상황에서 결과를 측정하는 것은 보상 기준을 운에 맡기는 것과 같다. 이는 사람들이 자신의 노력과 상관없는 결과로 보상 또는 처벌을 받는다는 뜻이다. 처벌을 받은 사람은 당연히 이를 부당하다고 느끼게 된다.

위험 감수 저해. 성과 측정지표를 통한 생산성의 측정은 더 미묘한 영향도 끼친다. 앞서 언급한 것처럼, 성과 측정지표는 단기 성과주의를 부추길 뿐만 아니라 진취성과 위험 감수 의지를 저해한다. 종국에 빈 라덴을 찾아낸 기밀정보 분석가들은 이 임무에 수년간 매달렸다. 만약 중도에 측정이 이루어졌다면 이들의 생산성은 제로처럼 보였을 것이다. 최종적으로 성공할 때까지 매월 실패율은 100퍼센트였다. 상관들의 입장에서 이 프로젝트에 분석가들을 수년째 투입시키는 것은 큰 위험이 따랐고, 따라서 시간 투자가 제대로 이루어지지 않을 여지가 있었다. 하지만 위대한 과업은 종종 그러한 위험을 감수하는지에 달려 있다. 이는 장기적인 인적 투자가 수반되는 상황을 보여주는 대표적인 예다.

혁신 저해. 성과 측정지표가 판단의 기준이 되면 사람들은 측정지표로 측정되는 것만 하려는 유인 동기가 생기고, 따라서 측정지표로 측정되는 항목은 확고한 목표가 될 것이다. 하지만 이는 혁신을 지연시킨다. 다시 말해, 아직 확실하지 않은 일은 시도조차 하지 않는다. 혁신은 실험을 수반한다. 새로운 일을 시도하는 데에는 실패의 가능성 내지는 확률 같은 위험이 따른다.[6] 성과 측정지표로 인해 위험을 감수할 의지가 꺾이면 의도치 않게 침체가 촉진된다.

협업 및 공동 목적 저해. 개인의 성과를 측정해 보상하는 것은 공동의 목적의식을 해칠 뿐만 아니라 협업과 조직의 효율성을 추구할 한 없는 동기를 제공하는 사회적 관계 또한 약화시킨다.[7] 측정된 성과에 근거한 보상은 협업이 아닌 경쟁을 부추기는 경향이 있다. 서로 돕고 지원하며 조언하기보다는 창출되는 인센티브에 따라 움직이는 개인 또는 부서는 동료를 무시하거나 심지어는 방해하면서 자신의 측정지표를 극대화하는 데 힘쓰게 된다. 대표적인 의료개혁가인 도널드 버윅은 다음과 같이 얘기했다.

어떤 병원 CEO가 이익 중심점 관리 시스템에 대해 설명해줬는데, 중간 관리층의 상여금은 지역별 예산 성과에 따라 지급된다는 것이었다. 나는 조직 전체에 도움이 되는 일이라면 관리자들이 자기 부서의 자원을 다른 부서로 이전하는 일도 마다하지 않을지 물었다. "그렇겠죠." 그 CEO가 솔직하게 대답했다. "제정신이 아니라면요."[8]

업무적 퇴보. 조직 내 사람들에게 한정된 측정 범위에 노력을 집중하도록 강요할 경우 업무 경험이 퇴보할 수 있다. 노벨경제학상 수상자인 에드먼드 펠프스는 저서 『대번영의 조건: 모두에게 좋은 자본주의란 무엇인가』에서 자본주의의 미덕은 "정신적 자극의 경험, 새롭게 해결할 도전적인 문제, 새로운 것을 시도할 기회, 미지의 세계로 뛰어드는 짜릿함"을 선사할 수 있는 능력에 있다고 주장한다.[9] 이는 실제로 자본주의가 주는 가능성이다. 하지만 성과 측정지표로 평가되는 사람들은 실제 업무를 잘 모르는 다른 사람이 부여한 제한된 목표에 노력을 집중할 수밖에 없다. 감시 속에서 일하는 사람들은 정신적 자극이 둔탁해지고, 해결해야 할 문제도, 문제를 해결할 방법도 결정하지 못하며, 미지의 세계에 뛰어드는 흥분도 느낄 수 없다. 미지의 세계는 측정 범위 너머에 있기 때문이다. 간단히 말하자면, 기업의 소유주를 훨씬 넘어서는 인간의 기업가적 본성이 측정

강박으로 인해 억압될 수 있다.[10]

그 결과, 진취성과 기획력이 뛰어난 사람들은 책임성 있는 성과의 문화가 팽배한 주류의 대규모 조직에서 벗어나야 한다는 자극을 느낀다. 교사들은 공립 학교에서 나와 사립 학교나 차터 스쿨(대안학교의 성격을 가진 미국의 공립 학교—옮긴이)로 가고, 엔지니어들은 대기업을 나와 소수의 전문가가 모인 전문 회사로 간다. 그리고 기획력을 갖춘 정부 직원들은 컨설턴트가 된다. 여기에는 건전한 측면도 있다. 하지만 분명한 사실은 우리 사회의 대규모 조직들이 혁신성과 진취성이 높은 사람들을 몰아내면서 더 곤궁해진다는 것이다. 성과의 측정과 보상의 기준이 되는 상자를 채우는 일이 업무가 될수록, 상자 밖에서 생각하는 사람들은 그 업무를 떠나게 된다.

생산성 대비 비용. 경제적 생산성을 측정하는 일을 전문으로 하는 경제학자들의 보고서에 따르면 최근 몇 년 동안 미국 경제에서 총요소생산성이 유일하게 증가한 분야는 정보통신기술 제조업이었다.[11] 여기서 우리는 다음의 질문을 던져야 한다. 측정지표의 문화는 인건비, 직원들의 사기와 진취성에 쏟아부은 비용, 그리고 단기 성과주의의 촉진으로 경기 침체에 얼마나 기여했는가?

성과지표의 배신

측정지표를 언제, 어떻게 사용할 것인가 / 16
체크리스트

인적 성과를 계산하고 측정하는 일은 본질적으로 해로울 것이 전혀 없다. 우리는 누구나 필연적으로 제한된 경험을 바탕으로 광범위한 결론을 내리는 경향이 있으며, 측정 데이터는 그러한 주관적인 판단과 대조되는 유용한 수단이 될 수 있다. 이 책에서 다루는 측정의 유형은 인적 성취와 실패를 계량화하는 성과 측정지표다. 거의 모든 조직에는 그에 합당한 성과 측정지표가 존재한다.

지금까지 우리는 사례 연구를 통해 측정지표가 유용하고 효과적인 경우를 다수 살펴보았다.

치안 부문에서, 전산화된 범죄 발생률 통계(콤프스탯)는 문제가 심각한 곳과 경찰 자원이 적절하게 배치되는 지역을 가려내기 위한 목적으로 사용되었다. 이 통계가 문제시되는 경우는 관리들이 보고된 범죄율을 낮추기 위해 부하들에게 강등이나 승진 누락 등의 협박을 사용했을 때뿐이었다.

대학의 경우, 출판물과 강의에 대한 수치 데이터를 이용해 교수진 평가를 강화할 수 있다. 하지만 데이터의 정확도와 중요도를 평가하는 위치에 있지 않은 사람들이 이를 기계적으로 사용할 때 측정지표는 잘못된 길로 들어서게 된다.

초등 및 중등교육에서는 표준화된 시험을 사용해 교사들에게 학생들의 특정 과목 학습도를 알려줄 수 있다. 또한 교사들은 동료들과 의견을 주고받으면서 자신의 교수법과 커리큘럼을 조정할 수 있다. 하지만 시험이 교사와 학교에 대한 보상과 처벌의 주된 기준이 될 때 문제가 발생한다.

의료 부문에서는 피터 프로노보스트의 키스톤 프로젝트와 게이싱어 의료 시스템이 있다. 키스톤 프로젝트는 측정 항목이 의료 전문가들의 전문적 가치와 일치할 경우 진단 측정지표가 의료 과실의 발생을 낮추는 데 효과적일 수 있음을 보여준다. 또한 게이싱어 시스템의 성공은 의사와 행정관리자가 한 팀이 되어 측정 기준을 설정하고 성과를 평가하는, 협업에 기초한 문화에 전산화된 측정을 융합할 때 놀랄 만한 개선이 이루어질 수 있음을 분명히 보여준다. 두 사례에서, 측정지표는 내적 동기와 전문성을 독려하는 방식으로 사용되었다. 하지만 그 밖의 의료 시스템에서는 성과 측정에 따른 보상이 아무 효과가 없거나 왜곡된 결과를 초래하는 경우가 간혹 있었다.

미군이 대반란 계획 캠페인에서 성과 측정지표를 적절하게 활용한 예를 보면, 표준화된 측정지표가 종종 기만적이긴 하지만 현지 경험을 갖춘 전문 군인들이 특정 사안에 맞게 개발한 측정지표는 무척 유익하다는 것을 알 수 있다. 이러한 사례에서 극복해야 할 과제는 보편적인 템플릿을 버리고 계산할 가치가 있는 것, 그리고 그 수치들이 지역적 맥락에서 실제로 의미하는 바를 알아내는 것이다.

지금껏 여러 번 말했듯이, 측정은 판단의 대안이 될 수 없다. 측정에는 판단이 **요구된다**. 다시 말하면, 측정 여부, 측정 항목, 측정 항목의 중요도를 평가하는 방법, 보상과 처벌의 기준을 결과에 둘지의 여부, 측정결과를 이용할 대상 등에 대한 판단이 필요하다.

정책을 수립하는 자리에 있는 사람들은 성과 측정치를 사용할지의 **여부**, 만약 사용한다면 **어떻게** 사용할지에 대한 판단을 내릴 때, 다음 항목들을 염두에 두고 자문해야 한다. 이는 성공적인 성과 측정을 위한 확인 사항이다. 지금까지 살펴본 측정 강박의 위험성을 고려할 때, 측정지표의 가장 좋은 활용법은 측정지표를 전혀 사용하지 않은 것일지도 모른다는 사실을 항상 잊지 말자.

│ 체크리스트 │

1 · 어떤 **유형**의 정보를 측정할 생각인가? 측정할 대상은 무생물에 가까울수록 측정 가능성이 커진다. 측정이 자연과학과 공

학 분야의 필수 요소인 것도 그런 이유다. 측정할 대상이 측정 과정의 영향을 받을 때 측정은 신뢰성이 떨어진다. 그 대상이 인간 활동일 때는 더욱 신뢰성이 떨어지는데, 그 대상인 사람은 자의식이 강하고 따라서 측정 과정에 반응할 수 있기 때문이다. 거기에 보상과 처벌까지 포함된다면 당사자들이 측정의 유효성을 왜곡하는 행동을 할 가능성이 높다. 반대로, 이러한 보상의 목표에 당사자들이 동조할수록 측정의 유효성을 강화하는 방향으로 행동할 가능성이 높다.

2 · 그 정보는 얼마나 **유용한가?** 언제나 첫 시작은 측정할 수 있는 활동이라고 해서 꼭 측정할 가치가 있는 것은 아님을 상기하는 것이다. 실제로, 측정의 난이도는 측정되는 항목의 중요도와 반비례할 수 있다. 바꿔 말하면, 다음과 같이 자문해보자. 내가 측정하려는 것은 내가 정말 알고 싶은 것을 대신할 수 있는가? 만약 그 정보가 별로 유용하지 않거나 내 목적을 대신할 수 있는 것이 아니라면 그냥 측정하지 않는 편이 좋을 것이다.

3 · 측정지표가 **많을수록** 유용한가? 측정된 성과는 유용한 경우 열외자, 특히 저성과자 또는 부정행위를 식별하는 데 무척 효과적이다. 하지만 성과 사다리의 중상위권을 판별하는 데에

는 유용성이 떨어질 수 있다. 뿐만 아니라 측정 항목이 많을수록 측정의 한계비용이 편익비용을 넘어설 가능성도 더욱 커진다. 따라서 측정지표가 도움이 된다고 해서 측정지표가 많을수록 더 좋다는 의미는 아니다.

4 · 표준화된 측정에 의존하지 **않을** 경우의 대가는 무엇인가? 고객, 환자, 학부모에 대한 판단과 경험을 근거로 하는, 성과 정보의 다른 원천이 존재하는가? 예를 들어, 학교 환경에서는 학부모가 특정 교사에게 요구하는 자녀의 학습 정도가 교사의 자질을 평가하는 유용한 지표일 것이다. 그 결과가 표준화된 시험에 나타나는지 아닌지는 중요하지 않다. 또한 자선단체의 경우에는 수혜자에게 그 결과를 판단하도록 하는 방법이 가장 유용할 수 있다.

5 · 측정의 **용도**는 무엇인가? 달리 말하면, 그 정보를 공개하는 대상이 누구인가? 이때 중요한 점은 전문 종사자들이 내부적으로 성과를 감시하기 위해 사용할 데이터인지, 아니면 외부 당사자가 보상과 처벌의 기준으로 사용할 데이터인지 잘 구분하는 것이다. 예를 들어, 범죄 데이터는 경찰이 더 많은 경찰차를 파견할 곳을 알아내는 데 사용되고 있는가, 아니면 경찰서장의 승진 여부를 결정하는 데 사용되고 있는가? 또는

의료 데이터는 수술 팀이 가장 효과가 좋은 수술 절차를 알아내는 데 사용되고 있는가, 아니면 행정관리자들이 점수에 따라 병원에 재정적 보상을 할지, 처벌을 할지 결정하는 데 사용되고 있는가? 시험 같은 측정 도구는 매우 유용하지만, 그 한계점을 잘 모르는 일반 대중의 외부 평가보다는 전문 종사자들의 내부 분석에 사용할 때 특히 유용하다. 그러한 측정결과는 전문 종사자들에게 동료와 비교한 성과를 알려줌으로써 능력이 탁월한 사람에게는 보상을 해주고 뒤처진 사람에게는 도움을 주는 데 활용할 수 있다. 이러한 측정지표는 고용 연장과 임금을 결정하는 데 사용될 경우, 통계 조작이나 명백한 사기의 대상이 될 수 있다.

명심해야 할 점은 보상과 처벌의 기준이 되는 성과 측정지표는 보상의 목표가 전문 종사자의 직업적 목표와 일치할 때 실제로 내적 동기를 강화하는 데 도움이 될 수 있다는 사실이다.[1] 반면 전문 종사자들에게 도움이 되지 않거나 오히려 해를 끼치는 행동을 이끌어낼 목적으로 보상과 처벌 계획을 마련한 경우, 측정지표는 지금까지 살펴본 여러 가지 방식으로 조작될 가능성이 크다. 그리고 전문 종사자들이 외적 보상에 너무 주력할 경우, 자연스럽게 다른 중요한 업무를 포기하고 측정되고 보상되는 업무에만 활동량을 집중하게 될 수 있다. 이 모든 이유로, "이해관계가 얽혀 있지 않은" 측정

성과지표의 배신

지표는 많은 이해관계가 얽혀 있는 측정지표보다 더 효과적이다.

직접적인 성과급은 사람들이 내적 동기보다 외적 보상에서 동기를 느낄 때, 즉 업무의 사회적·지적 혜택보다 금전적 혜택에 더 관심이 있을 때 가장 큰 효과를 발휘한다는 사실을 잊지 말자. 이는 연봉 수준이 직업적 성공의 측정 기준이 되는 금융 등의 분야에 종사하는 사람들에게 자주 나타난다. (앞서 언급했듯이, 그렇다고 해서 이들이 이타적인 목적을 비롯한 광범위한 목적에 자신의 소득을 사용하지 않는 것은 아니다.) 직업상 별다른 매력 요소가 없을 때, 다시 말해 자동차 앞유리 교체나 햄버거 준비처럼 업무가 반복적이고 선택권이 별로 없을 때 성과급은 큰 효과를 발휘할 가능성이 높다.

6 · 측정지표를 확보하는 데 드는 **비용**은 얼마인가? 정보는 절대 공짜가 아니며, 대개는 그런 정보를 요구하는 사람들이 생각지도 못할 만큼 비싸다. 데이터를 수집하고 처리하고 분석하는 일은 시간이 걸리고, 그 비용은 거기에 투입되는 시간의 기회비용으로 계산해야 한다. 바꿔 말하면, 우리가 측정지표를 생산하는 데 투자하는 모든 순간은 측정되고 있는 활동에 투자하지 않은 시간이다. 물론, 데이터 분석가에게는 측정지표를 생산하는 일이 주요 활동이다. 하지만 그 외의 사람들에

게는 업무를 방해하는 요소일 뿐이다. 그러므로 아무리 성과 측정이 가치 있는 일이라도, 그 가치는 그 데이터를 확보하는데 드는 비용보다 낮을 수 있다. 인적 시간과 노력에 들어간 이러한 비용은 그 자체로는 계산이 거의 불가능하다는 점 또한 잊지 말자. 우리가 지나치다 싶을 정도로 신중해야 할 이유가 바로 여기에 있다.

7· 조직의 상부 경영진에게 성과 측정지표가 필요한 이유를 물어라. 때때로 성과 측정수단의 요구는 간부들이 조직을 이해하지 못하는 데에서 나오며, 그러한 무지는 엉뚱한 사람들을 낙하산 인사로 보내는 데에서 기인하는 경우가 많다. 경험과 지역적 지식은 무시할 수 없으므로 조직 내부에서 인재를 등용하는 쪽을 고려해야 한다. 아무리 다른 곳에 똑똑하고 유능한 인재가 있다고 하더라도 해당 회사나 대학, 정부 기관 또는 기타 조직에 대한 특정 지식이 없다면 내부 채용의 이점을 넘어서지 못할 수 있다.

8· 성과의 측정수단은 **누가, 어떻게** 개발하는가? 책임성 측정지표는 상부에서 강요할 때, 그리고 측정되고 있는 활동에 전혀 참여하지 않는 사람들이 개발한 표준 공식을 사용할 때 효과성이 떨어질 수 있다. 교사, 간호사, 순경 등이 투입하는 노력

과 더불어 아래에서 위로 측정수단이 개발될 때 측정결과는 의미를 가질 수 있다. 이는 적절한 성과 표준을 개발하는 방법을 알려면 직접적인 경험을 통해 암묵적 지식을 갖춘 사람에게 물어야 한다는 뜻이다.[2] 그리고 되도록 거기에는 결과와 큰 이해관계가 있는 사람들을 대표 집단으로 포함시켜야 한다.[3] 최선의 경우에는 이들을 측정 데이터를 평가하는 과정의 일부로 계속 활용해야 한다.

성과 측정 시스템은 측정 대상자들이 그 가치를 신뢰할 때 효과를 발휘한다는 점을 기억하자. 지금까지는 측정지표의 도입 여부와 그 방법을 결정하는 자리에 있는 사람들의 관점에서 얘기했다. 그렇다면 이런 위치에 있지 않은 사람들, 즉 조직 서열에서 더 아래쪽에 있는 사람들은 어떨까? 예를 들어, 중간 관리자나 학과장처럼 측정지표를 실행해야 하는 사람들 말이다. 이런 경우 선택에 직면한다. 정보의 수집 목표를 신뢰한다면 최대한 효과적인 방향, 다시 말해 인적 시간을 최소화하는 방향으로 정확한 데이터를 제공하는 것이 숙제다. 반대로 그 목표들이 의심스럽고 그 과정이 낭비라고 생각된다면 (이 책을 선물하는 등의 방법으로) 상사를 설득해야 한다. 설득에 실패할 경우, 최소한의 시간으로 최소한의 허용 기준을 충족함으로써 부서의 업무를 방해하지 않는 선에서 데이터를 제공하도록 노력해야 한다.

만약 측정지표에 대한 결정을 내리는 **경영진**에 속한 사람이라면 측정지표에 대한 하부 조직원들의 반응은 저마다 다를 수 있다는 점을 유념하면서 앞 단락을 다시 읽기 바란다. 측정지표는 측정 대상자들이 그 목적과 유효성을 믿을 때 가장 큰 효과를 발휘한다.[4]

9 · **아무리 좋은 측정수단이라도 부패나 목표 전치의 대상이 될 수 있다**는 점을 명심하자. 개개인은 자신의 이익을 극대화하고자 하는 대리인이므로 모든 보상 측정 계획에는 필연적인 결점이 있다. 지금도 흔히 있는 일이지만 의사들의 보수를 결정하는 기준이 수술이 된다면, 의사들이 혜택은 적고 비용만 비싼 수술에 목을 매게 된다. 반면 진찰 환자의 수로 보수를 결정한다면, 의사들이 최대한 많은 환자를 받기 위해 잠재적으로 유용하지만 시간이 많이 소요되는 수술은 꺼리게 된다. 또한 환자의 치료 결과가 보수의 기준이 된다면, 의사들이 알짜 환자만 받고 문제가 심각한 환자는 돌려보낼 가능성이 높다.[5]

이는 일부 부정적인 결과만을 가지고 성과 측정을 포기해야 한다는 말이 아니다. 이러한 측정지표는 여러 문제가 수반될 수 있지만 그럼에도 여전히 사용할 가치가 있다. 중요한 것은 균형의 문제이고, 또 판단의 문제이다.

성과지표의 배신

10 · 때로는 가능성의 한계를 인식하는 것이 지혜의 첫걸음임을 잊지 말자. 모든 문제가 해결 가능한 것은 아니며, 측정지표로 해결할 수 있는 문제는 훨씬 더 적다. 모든 것을 측정으로 개선할 수 있다거나, 측정이 가능한 것은 무엇이든 개선할 수 있다는 것은 사실이 아니다. 또한 문제를 투명하게 공개하는 것이 꼭 문제의 해결책이 되지도 않는다. 투명성은 해결의 여지를 높이기보다는 곤란한 상황을 더욱 부각시킬 수 있다.

결국, 문제 해결에는 특효약도 없고, 그 무엇으로도 해당 사안과 조직에 대한 실질적인 지식을 대체할 수 없다. 이는 경험의 문제이자, 또한 계량화할 수 없는 기술의 문제다. 중요한 문제들은 대부분 판단과 해석에 의해 좌우되므로 표준화된 측정지표로는 해결되지 않는다. 궁극적으로, 중요한 것은 측정지표냐 판단이냐가 아니라 판단 정보로서 측정지표가 가치 있는가다. 여기서 판단이라 함은, 측정지표에 어느 정도 비중을 둘지 알고 측정지표의 대표적인 왜곡성을 인지하며 측정할 수 없는 항목들을 올바르게 인식할 수 있다는 것이다. 지난 수십 년간 그 점을 망각한 정치인과 비즈니스 리더, 정책결정자, 교육 관련자들이 너무도 많았다.

감사의 말

이 책은 서론에서 설명한 개인적 경험에서 비롯된 것이다. 나는 《아메리칸 인터레스트The American Interest》(2015년 9-10월호)에 실린 "책임성의 비용The Costs of Accountability"이란 논문에서 처음으로 내 생각을 공식화했다. 이 논문을 기꺼이 받아주고 훌륭하게 편집해 이 책에 사용하도록 허락해준 편집자 애덤 가핑클Adam Garfinkle에게 감사의 마음을 전한다.

이 논문이 책으로 발전하는 동안 격려와 조언을 아끼지 않은 엘리엇 코언Eliot A. Cohen, 래피얼 코언Raphael Cohen, 해럴드 제임스Harold James, 네이선 레비탄Nathan Levitan, 엘리스 파커Elyse Parker, 토머스 패터슨Thomas Patteson, 애비얼 터커Aviel Tucker, 에이드리언 울드리지Adrian Wooldridge에게도 감사하다. 조엘 브레너Joel Brenner와 아널드 클링Arnold Kling은 고맙게도 원고를 읽고 개선할 점을 일러주었으며, 지금은 세상을 떠난 크리스토퍼 코브락Christopher Kobrak도 마찬가지였다. 학식과 경험이 풍부한 미국가톨릭대학교의 내 동료들인 캐롤라인 셔먼Caroline Sherman과 스티븐 웨스트Stephen West도 많은 도움을 주었다. 이 두 사람을 비롯해, 조사의 자료와 방향을 제시해준 많은 친구와 동료들에게 고마움을 전한다. 순수한 내적 동기에 따라 기꺼이 시간을 내어 내 의견을 다듬어준 프린스턴대학교 출판부의 검토자 네 분께도 감사하다고 말하고 싶다.

이 책의 내용은 메릴랜드 칼리지파크에 소재한 메릴랜드대학교 로버트스미스 경영대학원에서 라즈쉬리 아가르왈Rajshree Agarwal과 데이비드 시실리아David Sicilia가 주최한 학회, 대니얼 클라인Daniel Klein이 주최한 조지메이슨대학교의 경제학과 학회, 미국가톨릭대학교의 역사학과 교수 합동 토의회 때 캐서린 잰슨Katherine Jansen이 주최한 학회에서 조금씩 소개되었다. 이때 나온 피드백들이 큰 도움이 되었다.

몇 년 동안 가족들도 지금까지 지속하고 있는 비공식 세미나를 통해 지원을 아끼지 않았다. 아내와 세 자녀, 자녀들의 세 배우자로 구성된 이 조직행동학 세미나에서 가족들은 자신이 몸담은 조직 환경(정부, 교육, 의료 등)의 기능과 역기능에 대해 소중한 의견을 나누어주었다. 가족들이 도움을 준 것은 맞지만, 그 내용을 활용한 것은 어디까지나 나의 책임이다. 우선 엘리 멀러Eli Muller는 〈더 와이어〉에 담긴 큰 주제(에피소드의 내용까지 정확히 알려주었다)로 내 관심을 이끌었고, 조직의 역학 관계에 대한 예리한 분석으로 이 책에 반향을 더했으며, 책의 편집을 도와주기도 했다. 또한 내가 의료와 보건 분야

성과지표의 배신

의 문헌들에 적응하게 도와주고 이 책의 분위기와 방향을 정하는 데 유용한 조언을 해준 조셉 멀러Joseph Muller(의학박사)에게도 고마움을 전한다. 아내 샤론Sharon Muller은 모든 장을 맨 처음으로 읽고 편집해 준 사람이다. 이 책의 많은 아이디어가 우리의 일상 대화 중에 탄생하거나 다듬어졌다. (손주들 얘기를 하며 측량할 수 없는 기쁨을 나눌 때는 빼고 말이다. 이 주제는 다른 책에서 다루었다.)

이 책이 무사히 완성된 데에는 부모님의 지지도 있었다. 슬프게도, 이 프로젝트는 아버지 헨리 멀러Henry Muller와 의견을 나눈 마지막 작업이었다. 아버지는 이 원고가 막바지 단계에 이르렀을 때 돌아가셨다. 아버지에 대한 기억은 축복과 같다. 어머니 벨라 멀러Bella Muller는 지금까지도 내 삶을 충만하게 하는 지혜와 격려, 유머의 원천이시다.

또한 이 원고가 책으로 만들어지기까지 안내자 역할을 해준 제시카 야오Jessica Yao와 원고를 교열해준 린다 트릴로Linda Truilo에게도 감사한 마음을 전하고 싶다.

마지막으로, 내 담당 편집자이자 지적 동반자인 피터 도허티Peter J. Dougherty는 지난 25년 동안 쉬지 않고 수많은 책과 아이디어를 공급해주었고, 내가 학계 안팎의 대중들을 위해 글을 쓰도록 격려해주었다. 논문으로 처음 발표한 아이디어를 이 책으로 발전시키도록 설득하고 이 책이 매 단계에서 구체화될 수 있도록 도와준 것도 도허티였다. 그에게 고마움과 변치 않는 애정을 담아 이 책을 바친다.

주

저자 서문 ──

1. Alan Jacobs, "The Tyranny of Metrics," *The New Atlantis*, March 10, 2018.

2. 파슨스 디자인 스쿨의 데이비드 캐럴 교수 덕분에 이와 같은 사실을 알게 됐다.

3. David Reed, "In Search of a Mission," in David Reed (ed.), *Water, Security and U.S. Foreign Policy* (New York, 2017). 보다 포괄적인 내용을 다룬 책으로는 Dan Honig, *Navigation by Judgment: Why and When Top-Down Management of Foreign Aid Doesn't Work* (New York, 2018)가 있다.

서론 ──

1. Gwyn Bevan and Christopher Hood, "What's Measured Is What Matters: Targets and Gaming in the English Public Health System," *Public Administration* 84, no. 3 (2006), pp. 517-553.

2. Paula Chatterjee and Karen E. Joynt, "Do Cardiology Quality Measures Actually Improve Patient Outcomes?" *Journal of the American Heart Association* (February 2014). 이와 같은 문제는 수년 전에 Richard Rothstein, "The Influence of Scholarship and Experience in Other Fields on Teacher Compensation Reform," pp. 87-110 in Matthew G. Springer (ed.), *Performance Incentives: Their Growing Impact on American K-12 Education* (Washington, D.C., 2009), p. 96에서도 다루었으며, 확장판이 *Holding Accountability to Account: How Scholarship and Experience in Other Fields Inform Exploration of Performance Incentives in Education*, National Center on Performance Incentives, Working Paper 2008-04, February 2008로 출간되었다.

3. Bevan and Hood, "What's Measured Is What Matters."

4. Richard Rothstein, Holding Accountability to Account는 예외다. Adrian Perry, "Performance Indicators: 'Measure for Measure' or 'A Comedy of Errors'?" in Caroline Mager, Peter Robinson, et al. (eds.), *The New Learning Market* (London, 2000)에도 유익한 정보가 담겨 있다.

5. Laura Landro, "The Secret to Fighting Infections: Dr. Peter Pronovost Says It Isn't That Hard. If Only Hospitals Would Do It," *Wall Street Journal*, March 28, 2011, 그리고 Atul Gawande, *The Checklist Manifesto* (New York, 2009).

6. 『머니볼: 140년의 메이저리그 역사상 가장 기적 같은 역전 드라마』, 마이클 루이스 지음, 김찬별·노은아 옮김(비즈니스맵, 2011)

7. Chris Lorenz, "If You're So Smart, Why Are You under Surveillance? Universities, Neoliberalism, and New Public Management," *Critical Inquiry* (Spring 2012), pp. 599–629, 특히 pp. 610–611.

8. Jonathan Haidt, *The Righteous Mind* (New York, 2012), p. 34 외 여러 곳.

9. 스펠링스 위원회 보고서과 관련된 내용은 see Fredrik deBoer, *Standardized Assessments of College Learning Past and Future* (Washington, D.C.: New American Foundation, March 2016)를 보라.

10. Jerry Z. Muller, *The Mind and the Market: Capitalism in Modern European Thought* (New York, 2002)와 내가 티칭 컴퍼니(Teaching Company)에서 강의한 내용 "Thinking about Capitalism." 또한 Robert K. Merton, "The Unanticipated Consequences of Purposive Social Action," *American Sociological Review* 1 (December 1936), pp. 894–904; Merton, "Unanticipated Consequences and Kindred Sociological Ideas: A Personal Gloss,"in Carlo Mongardini and Simonetta Tabboni (eds.), *Robert K. Merton and Contemporary Sociology* (New Brunswick, N.J., 1998), pp. 295–318; Robert K. Merton and Elinor Barber, *The Travels and Adventures of Serendipity* (Princeton, 2004)를 참고하라.

11. 알피 콘이 언급한 것처럼, "이 메시지는 사회 심리학자들이 외적 동기 요인의 비생산성을 깨닫기 시작하면서 경영 분야의 출판물에서 사라지고 있었다." Kohn, *Punished by Rewards* (New York, 1999), p. 121.

성과지표의 배신

1장. 왜 측정 강박이 문제인가 ──

1. Bruce G. Charlton, "Audit, Accountability, Quality and All That: The Growth of Managerial Technologies in UK Universities," in Stephen Prickett and Patricia Erskine-Hill (ed.), *Eduation! Education! Education! Managerial Ethics and the Law of Unintended Consequences* (Thorverton, England, 2002)에서 사용된 용어.

2. Fabrizio Ferraro, Jeffrey Pfeffer, and Robert L. Sutton, "Economics Language and Assumptions: How Theories Can Become Self-Fulfilling," *Academy of Management Review* 30, no. 1 (2005), pp. 8-24.

3. Tom Peters, "What Gets Measured Gets Done," (1986), http://tompeters.com/columns/what-gets-measured-gets-done/.

4. 마지막 표현은 폴 콜리어 교수가 한 것이다.

5. Charlton, "Audit, Accountability, Quality and All That," pp. 18-22.

6. 이 같은 부정적인 결과들을 요약한 유용한 자료로는 Colin Talbot, "Performance Management," pp. 491-517 in Ewan Ferlie, Laurence E. Lynn, Jr., and Christopher Pollitt (eds.), *The Oxford Handbook of Public Management* (New York, 2005), pp. 502-504; 그리고 같은 책 중 Michael Power, "The Theory of the Audit Explosion," pp. 326-344, 특히 p. 335가 있다.

7. William Bruce Cameron, *Informal Sociology: A Casual Introduction to Sociological Thinking* (New York, 1963).

8. Bevan and Hood, "What's Measured Is What Matters."

9. Diane Ravitch, *The Death and Life of the Great American School System* (New York, 2010), p. 160에서 인용함. Chris Shore, "Audit Culture and Illiberal Governance: Universities and the Culture of Accountability," *Anthropological Theory* 8, no. 3 (2008), pp. 278-299; Mary Strathern (ed.), *Audit Cultures: Anthropological Studies in Accountability, Ethics and the Academy* (London, 2000) 또한 보라.

10. Alison Wolf, *Does Education Matter? Myths about Education and Economic Growth* (London, 2002), p. 246. C.A.E. Goodhart, "Problems of Monetary Management: The UK Experience" (1975), pp. 91-121 in Goodhart, *Monetary Theory and Practice* (London, 1984).

2장. 되풀이되는 문제점 ——

1. Kurt C. Strange and Robert L. Ferrer, "The Paradox of Family Care," *Annals of Family Medicine* 7, no. 4 (July/August 2009), pp. 293-299, 특히 p. 295.

2. Sally Engle Merry, *The Seductions of Quantification: Measuring Human Rights, Gender Violence, and Sex Trafficking* (Chicago, 2016), pp. 1-33.

3. 위의 책, p. 1.

4. Kevin E. Davis, Benedict Kingsbury, and Sally Engle Merry, "Introduction: Global Governance by Indicators," in Kevin Davis, Angelina Fisher, Benedict Kingsbury, and Sally Engle Merry (eds.), *Governance by Indicators: Global Power through Quantification and Rankings* (New York, 2012), pp. 9, 18.

3장. 성과 측정과 성과급의 기원 ——

1. Matthew Arnold, "The Twice-Revised Code" (1862), in R. H. Super (ed.), *The Complete Prose Works of Matthew Arnold* (Ann Arbor, Mich., 1960-77), vol. 2, pp. 214-215에서 인용함.

2. Park Honan, *Matthew Arnold: A Life* (Cambridge, Mass., 1983), pp. 318-319; R. H. Super's notes to Arnold, "The Twice-Revised Code," in *Complete Prose Works*, vol. 2, p. 349.

3. Arnold, "The Twice-Revised Code," pp. 223-224.

4. 위의 책, p. 226.

5. 위의 책, p. 243.

6. Fred G. Walcott, *The Origins of Culture and Anarchy: Matthew Arnold and Popular Education in England* (Toronto, 1970), pp. 7-8.

7. Arnold, "Special Report on Certain Points Connected with Elementary Education in Germany, Switzerland, and France" (1886), in *Complete Prose Works*, vol. 11, pp. 1, 28.

8. Simon Patten, "An Economic Measure of School Efficiency," *Educational Review* 41 (May 1911), pp. 467-469, quoted in Raymond E. Callahan, *Education and the Cult of*

Efficiency (Chicago, 1962), p. 48.

9. Frederick W. Taylor, *The Principles of Scientific Management* (New York, 1911). 테일러가 교육 개혁 옹호자들에게 미친 영향에 대해서는 Callahan, *Education and the Cult of Efficiency*, chap. 2를 보라.

10. Alfred D. Chandler, Jr., *The Visible Hand: The Managerial Revolution in American Business* (Cambridge, Mass., 1977), pp. 275-276.

11. Taylor, quoted in James C. Scott, *Seeing Like a State: How Certain Schemes to Improve the Human Condition Have Failed* (New Haven, 1998), p. 336.

12. Frederick W. Taylor, Principles of Scientific Management, cited by David Montgomery, *The Fall of the House of Labor* (New Haven, 1989), p. 229.

13. Ellwood P. Cubberley, Public School Administration (Boston, 1916). 이 책에 관해서는 Callahan, *Education and the Cult of Efficiency*, pp. 95-99를 보라.

14. Dana Goldstein, *The Teacher Wars: A History of America's Most Embattled Profession* (New York, 2014), pp. 86-87.

15. "학생 성장"이란 용어에 관해서는 see Chad Aldeman, "The Teacher Evaluation Revamp, in Hindsight," *EducationNext* 17, no. 2 (Spring 2017), http://educationnext.org/the-teacher-evaluation-revamp-in-hindsight-obama-administration-reform/을 보라.

16. Richard Sennett, *The Corrosion of Character: The Personal Consequences of Work in the New Capitalism* (New York, 1998), p. 42.

17. Rakesh Khurana, *From Higher Aims to Hired Hands: The Social Transformation of American Business Schools and the Unfulfilled Promise of Management as a Profession* (Princeton, 2007), p. 295.

18. Richard R. Locke and J.-C. Spender, *Confronting Managerialism: How the Business Elite and Their Schools Threw Our Lives out of Balance* (London, 2011), p. xiii.

19. Adrian Wooldridge, *Masters of Management* (New York, 2011), p. 3.

20. Bob Lutz, *Car Guys vs. Bean Counters: The Battle for the Soul of American Business* (New York, 2013).

21. Christopher Pollitt, "Towards a New World: Some Inconvenient Truths for

Anglosphere Public Administration," *International Review of Administrative Sciences* 81, no. 1 (2015), pp. 3-17, 특히 pp. 4-5; John Quiggin, "Bad Company: Correspondence," Quarterlyessay.com, https://www.quarterlyessay.com.au/correspondence/1203; 비슷한 내용으로는 Henry Mintzberg, "Managing Government, Governing Management," *Harvard Business Review*, May-June 1996, pp. 75-83이 있다.

22. David Halberstam, *The Best and the Brightest* (New York, 1972), pp. 213-265.

23. Kenneth Cukier and Viktor Mayer-Schonberger, "The Dictatorship of Data," *MIT Technology Review*, May 31, 2013.

24. Edward N. Luttwak, *The Pentagon and the Art of War* (New York, 1984), p. 269.

25. Luttwak, *The Pentagon and the Art of War*, pp. 30-31. 사망자 수에 대한 측정지표를 잘못 활용한 예로는 Ben Connable, *Embracing the Fog of War: Assessment and Metrics in Counterinsurgency* (Rand Corporation, 2012), p. 106와 이후 페이지들에서 분석한 회고록 및 문헌들을 참고하라.

26. Luttwak, *The Pentagon and the Art of War*, pp. 138-143.

27. 위의 책, p. 152.

28. Matthew Stewart, *The Management Myth: Why the Experts Keep Getting It Wrong* (New York, 2009), p. 31.

29. Theodore M. Porter, *Trust in Numbers: The Pursuit of Objectivity in Science and Public Life* (Princeton, 1995), p. ix.

4장. 측정지표가 인기를 끄는 이유 ──

1. Ralf Dahrendorf, *The Modern Social Conflict: An Essay on the Politics of Liberty* (Berkeley, 1988), p. 53.

2. Porter, *Trust in Numbers*, p. ix.

3. Stefan Collini, "Against Prodspeak," in Collini, *English Pasts: Essays in History and Culture* (Oxford, 1999), p. 239.

4. Philip K. Howard, *The Rule of Nobody: Saving America from Dead Laws and Broken*

Government (New York, 2014), p. 44.

5. Philip K. Howard, *The Death of Common Sense: How Law Is Suffocating America* (New York, 1994), pp. 12, 27.

6. Howard, *The Rule of Nobody*, p. 54.

7. Lawrence M. Freedman, "The Litigation Revolution," in Michael Grossman and Christopher Tomlins (eds.), *The Cambridge History of Law in America: Vol. III The Twentieth Century and After* (Cambridge, 2008), p. 176.

8. 위의 책, p. 187.

9. 위의 책, p. 188-189.

10. Mark Schlesinger, "On Values and Democratic Policy Making: The Deceptively Fragile Consensus around Market-Oriented Medical Care," *Journal of Health Politics, Policy and Law* 27, no. 6 (December 2002), pp. 889-925; 그리고 Mark Schlesinger, "Choice Cuts: Parsing Policymakers' Pursuit of Patient Empowerment from an Individual Perspective," *Health, Economics, Policy and the Law* 5 (2010), pp. 365-387.

11. James Heilbrun, "Baumol's Cost Disease," in Ruth Towse (ed.), *A Handbook of Cultural Economics*, 2nd ed. (Cheltenham, England, 2011); 그리고 William G. Bowen, "Costs and Productivity in Higher Education," The Tanner Lectures, Stanford University, October 2012, pp. 3-4.

12. Bowen, "Costs and Productivity in Higher Education," p. 5, citing Teresa A. Sullivan et al. (eds.), *Improving Measurement of Productivity in Higher Education* (Washington, D.C., 2012).

13. Yves Morieux and Peter Tollman, *Six Simple Rules: How to Manage Complexity Without Getting Complicated* (Boston, 2014), p. 6.

14. Rakesh Khurana, *Searching for a Corporate Savior: The Irrational Quest for Charismatic CEOs* (Princeton, 2002), 특히 chap. 3. 이 현상은 결코 기업 부문에 국한되지 않는다.

15. Steven Levy, "A Spreadsheet Way of Knowledge," *Harper's*, November 1984. 현재 온라인(https://medium.com/backchannel/a-spreadsheet-way-of-knowledge-

8de60af7146e)에서 이용할 수 있음.

16. Seth Klarman, *A Margin of Safety: Risk-Averse Value Investing for the Thoughtful Investor* (New York, 1991).

5장. 주인과 대리인, 그리고 동기 부여 ——

1. Michael Jensen and William H. Meckling, "Theory of the Firm: Managerial Behavior, Agency Costs and Ownership Structure," *Journal of Financial Economics* 3, no. 4 (1976), pp. 305-360; Bengt Holmström and Paul Milgrom, "Multitask Principal-Agent Analyses: Incentive Contracts, Asset Ownership, and Job Design," *Journal of Law, Economics, & Organization* [특별 호: Papers from the Conference on the New Science of Organization, January 1991] 7 (1991), pp. 24-52; Charles Wheelan, *Naked Economics*, rev. ed. (New York, 2010), pp. 39-43.

2. Khurana, From Higher Aims to Hired Hands, pp. 317-326. 비슷한 내용으로는 Richard Munch, *Globale Eliten, lokale Autoritäten* (Frankfurt, 2009), p. 75가 있다. 또한 Ferraro, Pfeffer, Sutton, "Economics Language and Assumptions"에서도 유용한 정보를 얻을 수 있다.

3. Theodore M. Porter, *Trust in Numbers: The Pursuit of Objectivity in Science and Public Life* (Princeton, 1995), p. ix.

4. Talbot, "Performance Management," p. 497.

5. David Chinitz and Victor G. Rodwin, "What Passes and Fails as Health Policy and Management," *Journal of Health Politics, Policy, and Law* 39, no. 5 (October 2014), pp. 1113-1126, 특히 pp. 1114-1117.

6. Mintzberg, "Managing Government, Governing Management," pp. 75-83; 그리고 Holmström and Milgrom, "Multitask Principal-Agent Analyses."

7. Hal K. Rainey and Young Han Chun, "Public and Private Management Compared," in Ewan Ferlie, Laurence E. Lynn, Jr., and Christopher Pollitt (eds.), *The Oxford Handbook of Public Management* (New York, 2005), pp. 72-102, 185; 그리고 James Q. Wilson, *Bureaucracy: What Government Agencies Do and Why They Do It*

(New York, 2000), pp. 156-157.

8. Roland Benabout and Jean Tirole, "Intrinsic and Extrinsic Motivation," *Review of Economic Studies* no. 70 (2003), pp. 489-520. 내적 보상 이론에 대한 선구적인 저작물은 Edward L. Deci, *Intrinsic Motivation* (New York, 1975)이었다. 심리학자들의 다른 연구로는 Thane S. Pittman, Jolee Emery, and Ann K. Boggiano, "Intrinsic and Extrinsic Motivational Orientations: Reward-Induced Changes in Preference for Complexity," *Journal of Personality and Social Psychology* 42, no. 5 (1982), pp. 789-797; 그리고 T. S. Pittman, A. K. Boggiano, and D. N. Ruble, "Intrinsic and Extrinsic Motivational Orientations: Limiting Conditions on the Undermining and Enhancing Effects of Reward on Intrinsic Motivation," in J. Levine and M. Wang (eds.), *Teacher and Student Perceptions: Implications for Learning* (Hillsdale, N.J., 1983)이 있다. 이 이론이 심리학에서 경제학으로 이행하는 데 중요한 역할을 한 인물은 브루노 프라이Bruno S. Frey로, 그의 저작물에는 *Not Just for the Money: An Economic Theory of Human Motivation* (Cheltenham, England, 1997)이 있다. For a review of the relevant literature with a focus on behavioral economics, which concludes that "행동경제학은 오늘날 관례처럼 이루어지는 성과급의 보편적 적용이 과학적 사실에 의해 뒷받침되지 않는다는 점을 분명하게 보여준다"는 결론과 함께 행동경제학에 중점을 둔 관련 문헌을 검토하고 싶다면 Antoinette Weibel, Meike Wiemann, and Margit Osterloh, "A Behavioral Economics Perspective on the Overjustification Effect: Crowding-In and Crowding-Out of Intrinsic Motivation," in Marylène Gagné (ed.), *The Oxford Handbook of Work Engagement, Motivation, and Self-Determination Theory* (New York, 2014)를 보라.

9. Pittman, Boggiano, and Ruble, "Intrinsic and Extrinsic Motivational Orientations."

10. Bénabout and Tirole, "Intrinsic and Extrinsic Motivation," p. 504.

11. Bruno S. Frey and Margit Osterloh, "Motivate People with Prizes," *Nature* 465, no. 17 (June 2010), p. 871.

12. George Akerlof, "Labor Contracts as a Partial Gift Exchange," *Quarterly Journal of*

Economics 97, no. 4 (1982), 543-569.

13. Bruno S. Frey and Reto Jegen, "Motivation Crowding Theory," *Journal of Economic Surveys* 15, no. 5 (2001), pp. 589-611; 그리고 Robert Gibbons, "Incentives in Organizations," *Journal of Economic Perspectives* 12, no. 4 (Fall 1998), pp. 115-132, 특히 p. 129.

14. Gibbons, "Incentives in Organizations."

15. Talbot, "Performance Management," pp. 491-517; Adrian Wooldridge, *Masters of Management* (New York, 2011), pp. 318-319; Pollitt, "Towards a New World"; Christopher Hood, "The 'New Public Management in the 1980s: Variations on a Theme," *Accounting, Organization, and Society* 20, nos. 2/3 (1995), pp. 93-109; Christopher Hood and Guy Peters, "The Middle Aging of New Public Management: Into the Age of Paradox?" *Journal of Public Administration Research and Theory* 14, no. 3 (2004), pp. 267-282. 영국과 미국에서 전개된 신공공관리의 배경과 초기 역사에 관해서는 Christopher Pollitt, *Managerialism and the Public Services*, 2nd ed. (Oxford, 1993)를 보라.

6장. 철학적 비판 ──

1. Harry Braverman, *Labor and Monopoly Capital* (New York, 1974).

2. Michael Oakeshott, "Rationalism in Politics" (1947) in Oakeshott, *Rationalism in Politics and Other Essays* (Indianapolis, 1991).

3. Friedrich Hayek, "The Uses of Knowledge in Society," "The Meaning of Competition," and " 'Free' Enterprise and Competitive Order," all in Hayek, *Individualism and Economic Order* (Chicago, 1948).

4. Wolf, *Does Education Matter?* p. 246; Lorenz, "If You're So Smart"; Bevan and Hood, "What's Measured Is What Matters." 영국의 고등교육 제도가 소비에트 체제의 특징을 되풀이하는 방식에 대한 광범위한 분석으로는 Aviezer Tucker, "Bully U: Central Planning and Higher Education," *Independent Review* 17, no. 1 (Summer 2012), pp. 99-119를 보라.

5. Alfie Kohn, *Punished by Rewards* (New York, 1999), p. 62와 이후 페이지들; 그리고 Teresa Amabile, "How to Kill Creativity," *Harvard Business Review* (September-October 1998).

6. Scott, *Seeing Like a State*, p. 313.

7. Isaiah Berlin, "Political Judgment," in Berlin, *The Sense of Reality: Studies in Ideas and Their History*, ed. Henry Hardy (New York, 1996), pp. 53, 50.

8. Elie Kedourie *Diamonds into Glass: The Government and the Universities* (London, 1988), reprinted in Elie Kedourie, "The British Universities under Duress," *Minerva* 31, no. 1 (March, 1993), pp. 56-105.

9. Elie Kedourie, *Perekstroika in the Universities* (London, 1989), pp. x-xi.

10. Kedourie, *Perestroika*, p. 29.

11. Kedourie "The British Universities under Duress," p. 61.

12. 정부업무수행성과법(GPRA)에 대한 배경 정보는 http://www.foreffectivegov.org/node/326, 그리고 Donald P. Moynihan and Stephane Lavertu, "Does Involvement in Performance Management Routines Encourage Performance Information Use? Evaluating GPRA and PART" *Public Administration Review* 72, no. 4 (July/August 2012), pp. 592-602를 보라.

7장. 고등교육 ——

1. Department of Education, "For Public Feedback: A College Ratings Framework" (December, 2014), http://www2.ed.gov/documents/college-affordability/college-ratings-fact-sheet.pdf.

2. https://www.luminafoundation.org/files/publications/stronger_nation/2016/A_Stronger_Nation-2016-National.pdf.

3. Wolf, *Does Education Matter?*

4. Wolf, *Does Education Matter?*; Jaison R. Abel, Richard Deitz, and Yaquin Su, "Are Recent College Graduates Finding Good Jobs?" *Federal Reserve Bank of New York: Current Issues in Economics and Finance* 20, no. 1 (2014); Paul Beaudry, David

A. Green, Benjamin M. Sand, "The Great Reversal in the Demand for Skill and Cognitive Tasks," NBER Working Paper 18901, March 2013.

5. 예를 들어, Katherine Mangan, "High-School Diploma Options Multiply, but May Not Set Up Students for College Success," *Chronicle of Higher Education*, October 19, 2015를 보라.

6. Scott Jaschik, "ACT Scores Drop as More Take Test," *Inside Higher Education*, August 24, 2016; 그리고 "ACT Scores Down for 2016 U.S. Grad Class Due to Increased Percentage of Students Tested," http://www.act.org/content/act/en/newsroom/act-scores-down-for-2016-us-grad-class-due-to-increased-percentage-of-students-tested.html.

7. William G. Bowen and Michael S. McPherson, *Lesson Plan: An Agenda for Change in American Higher Education* (Princeton, 2016), p. 30.

8. 예를 들어, Tucker, "Bully U," p. 104를 보라.

9. Valen E. Johnson, *Grade Inflation: A Crisis in College Education* (New York, 2003).

10. John Bound, Michael F. Lovenheim, and Sarah Turner, "Increasing Time to Baccalaureate Degree in the United States," NBER Working Paper 15892, April 2010, p. 13; 그리고 Sarah E. Turner, "Going to College and Finishing College. Explaining Different Educational Outcomes," in Caroline M. Hoxby (ed.) *College Choices: The Economics of Where to Go, When to Go, and How to Pay for It* (Chicago, 2004), pp. 13-62, http://www.nber.org/chapters/c10097, 여러 곳.

11. Arnold Kling and John Merrifield, "Goldin and Katz and Education Policy Failings," *Econ Journal Watch* 6, no. 1 (January 2009), pp. 2-20, 특히 p. 14.

12. Wolf, *Does Education Matter?* chap. 7.

13. Lorelle L. Espinosa, Jennifer R. Crandall, and Malika Tukibayeva, *Rankings, Institutional Behavior, and College and University Choice* (Washington, D.C., American Council on Education, 2014), p. 12.

14. Wolf, *Does Education Matter?* chap. 7; 비슷한 내용으로는 Daron Acemoglu and David Autor, "What Does Human Capital Do?" *Journal of Economic Literature* 50, no. 2 (2012), pp. 426-463.

15. Wolf, *Does Education Matter?* chaps. 2 and 6; Paul Beaudry, David A. Green, and Benjamin M. Sand, "The Great Reversal in the Demand for Skill and Cognitive Tasks," NBER Working Paper 18901, March 2013.

16. Stuart Eizenstat and Robert Lerman, "Apprenticeships Could Help U.S. Workers Gain a Competitive Edge" (Washington, D.C., Urban Institute, May 2013); Mark P. Mills, "Are Skilled Trades Doomed to Decline?" Manhattan Institute, New York, 2016, http://www.manhattan-institute.org/sites/default/files/IB-MM-1016.pdf.

17. Thomas Hale and Gonzalo Vina, "University Challenge: The Race for Money, Students and Status," Financial Times, June 23, 2016; https://www.oecd.org/unitedkingdom/United%20Kingdom-EAG2014-Country-Note.pdf. Stefan Collini, *What Are Universities For?*에서는 2012년 고등교육 등록률이 45퍼센트라고 밝힌다.

18. 간략한 역사를 알고 싶다면 Stefan Collini, *What Are Universities For?* chap. 2를 보라.

19. Wolf, *Does Education Matter?* chap. 7.

20. Shore, "Audit Culture and Illiberal Governance," pp. 289-290. James Wilsdon et al., *The Metric Tide: Report of the Independent Review of the Role of Metrics in Research Assessment and Management* (July 2015) 또한 보라.

21. Stephen Prickett, *Education! Education! Education!*의 서론.

22. Charlton, "Audit, Accountability, Quality and All That," p. 23.

23. http://www2.ed.gov/admins/finaid/accred/accreditation_pg6.html.

24. Peter Augustine Lawler, "Truly Higher Education," *National Affairs* (Spring 2015), pp. 114-130, 특히 pp. 120-121.

25. Charlton, "Audit, Accountability, Quality and All That," p. 22; 그리고 Lorenz, "If You're So Smart," p. 609.

26. Benjamin Ginsberg, *The Fall of the Faculty: The Rise of the All Administrative University* (Baltimore, 2013).

27. Craig Totterow and James Evans, "Reconciling the Small Effect of Rankings

on University Performance with the Transformational Cost of Conformity" in Elizabeth Popp Berman and Catherine Paradeise (eds.), *The University under Pressure*, Research in the Sociology of Organizations, vol. 4 (Bingley, England, 2016), pp. 265-301, 그리고 Tucker, "Bully U," p. 114.

28. Wendy Nelson Espeland and Michael Sauder, "Rankings and Reactivity: How Public Measures Re-create Social Worlds," *American Journal of Sociology* 113, no. 1 (July 2007), pp. 1-40, 특히 p. 11.

29. 위의 책, p. 25.

30. 위의 책, p. 26.

31. 위의 책, pp. 30-31. 일부 로스쿨이 통계에 꼼수를 쓰는 방법에 대한 더 많은 정보를 보려면 Alex Wellen, "The $8.78 Million Maneuver," *New York Times*, July 31, 2005를 보라. 대학들이 순위를 올리기 위해 사용하는 방법에 관해 더 자세히 알아보려면 Wendy Nelson Espeland and Michael Sauder, "The Dynamism of Indicators" in Davis et al. (eds.) *Governance by Indicators*, pp. 103-105를 보라.

32. 예를 들어, Doug Lederman, " 'Manipulating,' Er, Influencing 'U.S. News,' " *Inside Higher Ed*, June 3, 2009를 보라.

33. Totterow and Evans, "Reconciling the Small Effect of Rankings on University Performance with the Transformatonal Cost of Conformity."

34. 이에 대한 초기 역사가 궁금하다면 Collini, *What Are Universities For?* chap. 6, "Bibliometry"를 보라.

35. Prickett, *Education! Education! Education!*의 서론, p. 7.

36. Peter Weingart, "Impact of Bibliometrics upon the Science System: Inadvertent Consequences," *Scientometrics* 62, no. 1 (2005), pp. 117-131, 특히 p. 126.

37. 위의 책, p. 127. Christian Fleck, "Impact Factor Fetishism," *European Journal of Sociology* 54, no. 2 (2013), pp. 327-356 또한 보라. 여러 학문 분야 간 연구 생산성을 비교할 때의 어려움에 관해서는 Dorothea Jansen et al., "Drittmittel als Performanzindikator der wissenschaftlichen Forschung: Zum Einfluss von Rahmenbedingungen auf Forschungsleistung," *Kölner Zeitschrift für Soziologie und Sozialpsychologie* 59, no 1 (2007), pp. 125-149를 보라.

38. 이 문제에 관해서는 Weingart, "Impact of Bibliometrics upon the Science System," and Michael Power, "Research Evaluation in the Audit Society," in Hildegard Matthies and Dagmar Simon (eds.), *Wissenschaft unter Beobachtung: Effekte und Defekte von Evaluationen* (Wiesbaden, 2008), pp. 15-24를 보라.

39. Carl T. Bergstrom, "Use Ranking to Help Search," *Nature* 465, no. 17 (June 2010), p. 870.

40. Espeland and Sauder, "Rankings and Reactivity," p. 15. Munch, *Globale Eliten, lokale Autoritäten* 또한 보라.

41. Espinosa, Crandall, and Tukibayeva, *Rankings, Institutional Behavior, and College and University Choice*; Douglas Belkin, "Obama Spells Out College-Ranking Framework," *Wall Street Journal*, December 19, 2014; Jack Stripling, "Obama's Legacy: An Unlikely Hawk on Higher Ed," *Chronicle of Higher Education*, September 30, 2016.

42. Jonathan Rothwell, "Understanding the College Scorecard," paper, Brookings Institution, September 28, 2015, https://www.brookings.edu/opinions/ understanding-the-college-scorecard/; Beckie Supiano, "Early Evidence Shows College Scorecard Matters, but Only to Some," *Chronicle of Higher Education*, May 27, 2016.

43. Lauren A. Rivera, *Pedigree: How Elite Students Get Elite Jobs* (Princeton, 2015); 그리고 Elizabeth A. Armstrong and Laura T. Hamilton, *Paying for the Party: How College Maintains Inequality* (Cambridge, Mass., 2013)를 보라.

44. Rothwell, "Understanding the College Scorecard."

45. Jeffrey Steedle, "On the Foundations of Standardized Assessment of College Outcomes and Estimating Value Added," in K. Carey and M. Schneider (eds.), *Accountability in Higher Education* (New York, 2010), p. 8.

46. 다른 많은 평론 중에서도 Nicholas Tampio, "College Ratings and the Idea of the Liberal Arts, *JSTOR Daily*, July 8, 2015, http://daily.jstor.org/college-ratings- idea-liberal-arts/, 그리고 James B. Stewart, "College Rankings Fail to Measure the Influence of the Institution," *New York Times*, October 2, 2015를 보라.

47. Robert Grant, "Education, Utility and the Universities" in Prickett and Erskine-Hill (eds.), *Education! Education! Education!* p. 52.

48. Rivera, Pedigree, p. 78 외 여러 곳을 참조하라.

49. Espinosa, Crandall, and Tukibayeva, *Rankings, Institutional Behavior, and College and University Choice*, p. 9.

8장. 초 · 중등교육 ———

1. Ravitch, *The Death and Life of the Great American School System*, p. 149.

2. T. S. Dee and B. Jacob, "The Impact of 'No Child Left Behind' on Student Achievement," *Journal of Policy Analysis and Management* 30 (2011), pp. 418-446.

3. Jesse Rhodes, *An Education in Politics: The Origins and Evolution of No Child Left Behind* (Ithaca, N.Y., 2012), p. 88.

4. 위의 책, p. 88에서 인용함.

5. 위의 책, p. 153.

6. Goldstein, *Teacher Wars*, p. 188.

7. Diane Ravitch, *Reign of Error* (New York, 2013), p. 51과 pp. 340-342 도표들; 그리고 Kristin Blagg and Matthew M. Chingos, *Varsity Blues: Are High School Students Being Left Behind?* (Washington, D.C.: Urban Institute, May 2016), pp. 3-5.

8. Dee and Jacob, "The Impact of 'No Child Left Behind' on Student Achievement," pp. 418-446. Ravitch, *The Death and Life of the Great American School System*, pp. 107-108, 159; Goldstein, *Teacher Wars*, p. 187; 그리고 American Statistical Association, "ASA Statement on Using Value-Added Models for Educational Assessment, April 8, 2014," https://www.amstat.org/policy/pdfs/ASA_VAM_Statement.pdf 또한 보라.

9. Goldstein, *Teacher Wars*, p. 226.

10. 위의 책. "능숙도" 또는 "대학 준비도"를 기준으로 학교를 평가하는 데 있어서 부가 가치 시험에 유리한 주장이 궁금하다면, Michael J. Petrilli and Aaron Churchill, "Why States Should Use Student Growth, and Not Proficiency Rates,

when Gauging School Effectiveness," Thomas Fordham Institute, October 13, 2016, https://edexcellence.net/articles/why-states-should-use-student-growth-and-not-proficiency-rates-when-gauging-school을 보라.

11. Martin R. West, 미 상원 보건 · 교육 · 노동 · 연금 위원회의 서면 의견서, January 21, 2015, http://www.help.senate.gov/imo/media/doc/West.pdf, 그리고 David J. Deming et al., "When Does Accountability Work?" *educationnext. org* (Winter 2016), pp. 71-76. 플로리다의 경우, David N. Figlio and Lawrence S. Getzler, "Accountability, Ability, and Disability: Gaming the System," NBER Working Paper No. 9307, October 2002.

12. 휴스턴과 댈러스의 경우, Ravitch, *Death and Life*, p. 155; 애틀랜타의 경우, Rachel Aviv, "Wrong Answer: In an Era of High-Stakes Testing, a Struggling School Made a Shocking Choice," *The New Yorker*, July 21, 2014, pp. 54-65; 시카고의 경우, Brian A. Jacob and Steven D. Levitt, "Rotten Apples: An Investigation of the Prevalence and Predictors of Teacher Cheating," *Quarterly Journal of Economics* 118, no. 3 (August, 2003), pp. 843-877; 클리브랜드에서 발생한 "데이터 정제 문제"의 경우, Ravitch, *Death and Life*, p. 159를 보라. 또한 Goldstein, *Teacher Wars*, p. 227를 참조하라.

13. Goldstein, *Teacher Wars*, pp. 186, 209.

14. Alison Wolf, Does Education Matter? 비슷한 내용으로는 다음이 있다. Donald T. Campbell, "성취도 시험은 보통의 능숙도를 목표로 하는 일반적인 학습 환경에서는 분명 전반적인 학업 성취의 유용한 지표일 수 있다. 하지만 시험 점수가 학습 과정의 목표가 된다면 교육 상태의 지표로서 가치를 잃는 동시에 교육 절차를 바람직하지 않은 방식으로 왜곡하게 된다." Mark Palko and Andrew Gelman, "How Schools that Obsess about Standardized Tests Ruin Them as Measures of Success," *Vox: Policy and Politics*, August 16, 2016, http://www.vox.com/2016/8/16/12482748/success-academy-schools-standardized-tests-metrics-charter에서 인용함.

15. "정부가 설정한 목표의 달성이 모든 아이에게 최선의 교육을 제공한다는 목적의 수단이 되기보다는 목적 자체가 돼버렸다는 점에서 지금 이 시스템은 불

균형하다고 할 수 있습니다. 이는 시험만을 위한 수업을 하고, 교과과정의 범위를 좁히며, 표준에 미치지 못하는 학생들에게 편중된 자원을 쏟아붓는 등의 현상을 통해 증명되고 있습니다. 이에 우리는 학교에서 전체 교과과정을 가르치고 그 전체 교과과정 안에서 아이들의 성취도를 치하하도록 독려하기 위해 정부가 그 접근 방식을 재고할 것을 촉구합니다. 그 급선무는 교사와 학부모, 아이들에게 학생의 발전 정도에 대한 정확한 정보를 알려주는 시스템을 마련하는 것입니다."(제82항). 어린이 · 학교 · 가족 특별 위원회, 제3차 보고서(2008). http://www.publications.parliament.uk/pa/cm200708/cmselect/cmchilsch/169/16912.htm.

16. Rhodes, *An Education in Politics*, p. 176.

17. Goldstein, *Teacher Wars*, pp. 213-217.

18. Goldstein, *Teacher Wars*, pp. 207-208.

19. Roland Fryer, "Teacher Incentives and Student Achievement: Evidence from New York City Public Schools," NBER Working Paper No. 16850, March 2011.

20. Goldstein, *Teacher Wars*, pp. 224-226.

21. Kohn, *Punished by Rewards*, p. 334, 각주 37에서 인용한 연구들을 참조하라.

22. Fryer, "Teacher Incentives and Student Achievement," p. 3.

23. Frederick M. Hess, "Our Achievement-Gap Mania," *National Affairs* (Fall 2011), pp. 113-129.

24. Lauren Musu-Gillette et al., *Status and Trends in the Educational Achievement of Racial and Ethnic Groups 2016* (Washington, D.C.: National Center for Educational Statistics, 2016), p. iv.

25. 콜먼 보고서의 최초 결론 및 지금과의 관련성에 대한 최근의 확정 내용이 궁금하다면 Stephen L. Morgan and Sol Bee Jung, "Still No Effect of Resources, Even in the New Gilded Age," *Russell Sage Foundation Journal of the Social Sciences* 2, no. 5 (2016), pp. 83-116을 보라.

26. Sean F. Reardon, *The Widening Achievement Gap between the Rich and the Poor: New Evidence and Some Possible Explanations* (Russell Sage Foundation, 2012), downloaded from https://cepa.stanford.edu/content/widening-academic-

achievement-gap-between-rich-and-poor-new-evidence-and-possible.

27. Edward C. Banfield, *The Unheavenly City Revisited* (New York, 1974), pp. 273-274.

28. 이러한 자질의 중요성을 강조한 경제학자에 관해서는 James Heckman, "Schools, Skills, and Synapses," *Economic Inquiry* 46, no. 3 (July 2008), pp. 289-324 를 참조하라. 물론, 측정 강박을 고집하지 않은 학자들은 오래전부터 이 자질들의 중요성을 당연한 것으로 여겼다. 그러나 자제력과 만족 지연 능력 같은 성격적 자질은 그 자체로 인지 능력과 관련성이 있다. Richard E. Nisbett et al., "Intelligence: New Findings and Theoretical Developments," *American Psychologist* 67, no. 2 (2012), pp. 130-159, 특히 p. 151을 참조하라.

29. Alexandria Neason, "Welcome to Kindergarten. Take This Test. And This One." *Slate*, March 4, 2015.

30. Nisbett et al., "Intelligence," p. 138.

31. Angela Duckworth, "Don't Grade Schools on Grit," *New York Times*, March 27, 2016.

32. Hess, "Our Achievement-Gap Mania," 그리고 Wolf, *Does Education Matter?* 유럽에서 영재 학생을 위한 지원이나 프로그램이 감소하고 있는 현상은 Tom Clynes "How to Raise a Genius: Lessons from a 45-Year Study of Super-smart Children," Nature 537, no. 7619 (September 7, 2016)에 언급되어 있다.

33. Ravitch, *Death and Life*, 여러 곳, 그리고 Kenneth Berstein, "Warning from the Trenches: A High School Teacher Tells College Educators What They Can Expect in the Wake of 'No Child Left Behind' and 'Race to the Top,'" *Academe* (January-February 2013), http://www.aaup.org/article/warnings-trenches#. VN62JMZQ2AE; 그리고 설득력 있는 증언인 "Teacher of the Year" Anthony J. Mullen, "Teachers Should be Seen and Not Heard," *Education Week*, January 7, 2010, http://blogs.edweek.org/teachers/teacher_of_the_year/2010/01/teachers_should_be_seen_and_no.html.

9장. 의료 ──

1. Sean P. Keehan et al., "National Health Expenditure Projections, 2015-2025: Economy, Prices, and Aging Expected to Shape Spending and Enrollment," *Health Affairs* 35, no. 8 (August 2016), pp. 1-10; Atul Gawande, "The Checklist," *New Yorker*, December 10, 2007.

2. *World Health Report 2000, Health Systems: Improving Performance*, quoted in Scott Atlas, *In Excellent Health: Setting the Record Straight on America's Health Care* (Stanford, Calif., 2011).

3. Atlas, *In Excellent Health*.

4. 위의 책, pp. 28-30, 99-105.

5. 위의 책, p. 84; 그리고 David M. Cutler, Adriana Lleras-Muney, and Tom Vogl, "Socioeconomic Status and Health: Dimensions and Mechanisms," in Sherry Glied and Peter C. Smith (eds.), *The Oxford Handbook of Health Economics* (New York, 2011), pp. 124-163, 특히 147-153.

6. Atlas, *In Excellent Health*, p. 156.

7. Michael E. Porter and Thomas H. Lee, "The Strategy That Will Fix Health Care," *Harvard Business Review* (October 2013), pp. 50-70, 특히 56.

8. 게이싱어에 관한 논의의 바탕이 된 자료가 궁금하다면, Douglas McCarthy, Kimberly Mueller, and Jennifer Wrenn, *Geisinger Health System: Achieving the Potential of Integration through Innovation, Leadership, Measurement, and Incentives* (Commonweatlh Fund Case Study, June 2009), 그리고 게이싱어의 전 CEO 가 쓴 Glenn D. Steele, Jr., "A Proven New Model for Reimbursing Physicians," *Harvard Business Review* (September 15, 2015)를 보라.

9. Peter J. Pronovost et al., "Sustaining Reductions in Central Line-Associated Bloodstream Infections in Michigan Intensive Care Units: A 10-Year Analysis," *American Journal of Medical Quality* 31, no. 3 (2016), pp. 197-202.

10. Chinitz and Rodwin, "What Passes and Fails as Health Policy and Management," p. 1117.

11. 예를 들면, Patrick Conway, Farzad Mostashari, and Carolyn Clancy, "The Future

of Quality Measurement for Improvement and Accountability," *JAMA* [*Journal of the American Medical Association*] 309, no. 21 (June 5, 2013), pp. 2215-2216; James F. Burgess and Andrew Street, "Measuring Organizational Performance," in Sherry Glied and Peter C. Smith (eds.), *The Oxford Handbook of Health Economics* (New York, 2011), pp. 688-706, 특히 p. 701; David M. Shahian et al., "Rating the Raters: The Inconsistent Quality of Health Care Performance Measurement," *Annals of Surgery* 264, no. 1 (July 2016), pp. 36-38; J. Matthew Austin, Elizabeth A. McGlynn, and Peter J. Pronovost, "Fostering Transparency in Outcomes, Quality, Safety, and Costs," *JAMA* 316, no. 16 (October 25, 2016), pp. 1661-1662.

12. 보다 정확한 측정지표를 요구하는 경향에 관해서는 Chinitz and Rodwin, "What Passes and Fails as Health Policy and Management," p. 1120을 보라.

13. Jason H. Wasfy et al., "Public Reporting in Cardiovascular Medicine: Accountability, Unintended Consequences, and Promise for Improvement," *Circulation* 131, no. 17 (April 28, 2015), pp. 1518-1527.

14. Chinitz and Rodwin, "What Passes and Fails as Health Policy and Management," p. 1118.

15. N. A. Ketallar et al., "Public Release of Performance Data in Changing the Behaviour of Healthcare Consumers, Professionals or Organisations" *Cochrane Database System Review*, Nov. 9, 2011.

16. Gary Y. Young, Howard Beckman, and Errol Baker, "Financial Incentives, Professional Values and Performance," *Journal of Organizational Behavior* 33 (2012), pp. 964-983.

17. Elaine M. Burns, Chris Pettengell, Thanos Athanasious, and Ara Darzi, "Understanding the Strengths and Weaknesses of Public Reporting of Surgeon-Specific Outcomes," *Health Affairs* 35, no. 3 (March 2016), pp. 415-421, 특히 p. 416.

18. D. Blumenthal, E. Malphrus, and J. M. McGinnis (eds.), *Vital Signs: Core Metrics for Health and Health Care Progress* (Washington, 2015), p. 90. 영국의 국립보건

서비스가 "별점"을 사용한 예에 관해서는 Bevan and Hood "What's Measured Is What Matters"를 보라.

19. Chinitz and Rodwin, "What Passes and Fails as Health Policy and Management," pp. 1114-1119.

20. Karen E. Joynt et al., "Public Reporting of Mortality Rates for Hospitalized Medicare Patients and Trends in Mortality for Reported Conditions," *Annals of Internal Medicine*, 2016년 5월 31일에 온라인에 발표됨.

21. M. W. Friedberg et al., "A Methodological Critique of the ProPublica Surgeon Scorecard" (Rand Corporation, Santa Monica, Calif., 2015), http://www.rand.org/pubs/perspectives/PE170.html, 그리고 David M. Shahian et al., "Rating the Raters: The Inconsistent Quality of Health Care Performance Measurement," *Annals of Surgery* 264, no. 1 (July 2016), pp. 36-38.

22. Cheryl L. Damberg et al., *Measuring Success in Health Care Value-Based Purchasing Programs: Summary and Recommendations* (Rand Corporation, 2014), p. 18. Rachel M. Werner et al., "The Effect of Pay-for-Performance in Hospitals: Lessons for Quality Improvement," *Health Affairs* 30, no. 4 (April 2011), pp. 690-698. 비슷한 내용으로 가장 최근에 나온 자료로는 Aaron Mendelson et al., "The Effects of Pay-for-Performance Programs on Health, Health Care Use, and Processes of Care: A Systematic Review," *Annals of Internal Medicine* 165, no. 5 (March 7, 2017), pp. 341-353을 보라.

23. Patricia Ingraham, "Of Pigs in Pokes and Policy Diffusion: Another Look at Pay for Performance," *Public Administration Review* 53 (1993), pp. 348-356; Christopher Hood and Guy Peters, "The Middle Aging of New Public Management: Into the Age of Paradox?" *Journal of Public Administration Research and Theory* 14, no. 3 (2004), pp. 267-282; Chinitz and Rodwin, "What Passes and Fails as Health Policy and Management," pp. 1113-1126.

24. Martin Roland and Stephen Campbell, "Successes and Failures of Pay for Performance in the United Kingdom," *New England Journal of Medicine* 370 (May 15, 2014), pp. 1944-1949. "높은 성적만을 위한 치료"라는 관용구는 Chinitz

and Rodwin, "What Passes and Fails as Health Policy and Management," p. 1115에 나온다.

25. Burns et al., "Understanding the Strengths and Weaknesses of Public Reporting of Surgeon-Specific Outcomes," p. 418; 그리고 Wasfy et al., "Public Reporting in Cardiovascular Medicine"; and K. E. Joynt et al., "Association of Public Reporting for Percutaneous Coronary Intervention with Utilization and Outcomes among Medicare Beneficiaries with Acute Myocardial Infarction," *JAMA* 308, no. 14 (2012), pp. 1460-1468; Joel M. Kupfer, "The Morality of Using Mortality as a Financial Incentive: Unintended Consequences and Implications for Acute Hospital Care," *JAMA* 309, no. 21 (June 3, 2013), pp. 2213-2214.

26. Richard Lilford and Peter Pronovost, "Using Hospital Mortality Rates to Judge Hospital Performance: A Bad Idea that Just Won't Go Away," *British Medical Journal* (April 10, 2010).

27. 위의 책.

28. D. Blumenthal, E. Malphrus, and J. M. McGinnis (eds.), *Vital Signs: Core Metrics for Health and Health Care Progress* (Washington, D.C., 2015).

29. 위의 책, pp. 90-91.

30. Robert Pear, "Shaping Health Policy for Millions, and Still Treating Some on the Side," *New York Times*, March 29, 2016.

31. Donald M. Berwick, "The Toxicity of Pay for Performance," *Quality Management in Health Care* 4, no. 1 (1995), pp. 27-33.

32. Wasfy et al., "Public Reporting in Cardiovascular Medicine"; Claire Noel-Mill and Keith Lind, "Is Observation Status Substituting for Hospital Readmission?" *Health Affairs Blog*, October 28, 2015; 그리고 https://www.medicare.gov/hospitalcompare/Data/30-day-measures.html.

33. David Himmelstein and Steffie Woolhandler, "Quality Improvement: 'Become Good at Cheating and You Never Need to Become Good at Anything Else'" *Health Affairs Blog*, August 27, 2015.

34. Sabriya Rice, "Medicare Readmission Penalties Create Quality Metrics Stress," *Modern Healthcare*, August 8, 2015.

35. Shannon Muchmore, "Bill Targets Socio-economic Factors in Hospital Readmissions," *Modern Healthcare*, May 19, 2016.

36. 예를 들어, Michael L. Barnett, John Hsu, and Michael J. McWilliams, "Patient Characteristics and Differences in Hospital Readmission Rates," *JAMA Internal Medicine* 175, no. 11 (November 2015), pp. 1803-1812; 그리고 Shannon Muchmore, "Readmissions May Say More about Patients than Care," *Modern Healthcare* (September 14, 2015)를 보라.

10장. 치안 ──

1. Barry Latzer, *The Rise and Fall of Violent Crime in America* (San Francisco, 2016).

2. 콤프스탯에 관해서는 Ken Peak and Emmanuel P. Barthe "Community Policing and CompStat: Merged, or Mutually Exclusive?" *The Police Chief* 76, no. 12 (December 2009); John Eterno and Eli Silverman, *The Crime Numbers Game: Management by Manipulation* (Boca Raton, 2012)을 보라. Heather Mac Donald, "Compstat and Its Enemies," *City Journal*, February 17, 2010에서는 Eterno와 Silverman의 초기 주장에 관한 비평을 확인할 수 있다.

3. Donald T. Campbell, "Assessing the Impact of Planned Social Change" (1976), *Journal of Multidisciplinary Evaluation* (February 2011), p. 34.

4. 예를 들어, David Bernstein and Noah Isackson, "The Truth about Chicago's Crime Rates: Part 2," *Chicago Magazine*, May 19, 2014를 보라.

5. Mac Donald, "Compstat and Its Enemies."

6. 2013년 11월 19일, BBC 뉴스, "Police Fix Crime Statistics to Meet Targets, MPs Told," http://www.bbc.com/news/uk-25002927.

7. 2006년 11월 22일, 미국공영라디오방송(NPR), 에드워드 번즈 인터뷰, "Fresh Air." 빌 모이어스(Bill Moyers)와 진행한 데이비드 사이먼 인터뷰(www.pbs.org/moyers/journal/04172009/transcript1.html) 또한 참조하라.

성과지표의 배신

8. Campbell, "Assessing the Impact," p. 35.

11장. 군대 ──

1. 미해군대학의 학자인 조너선 슈로든(Jonathan Schroden)은 현재의 COIN 평가 방법들에 문제가 많기 때문에 "전체적으로 작전 평가하는 것을 중단해야 한다"고 결론짓는다. Jonathan Schroden, "Why Operations Assessments Fail: It's Not Just the Metrics," *Naval War College Review* 64, no. 4 (Autumn 2011), pp. 89-102, 특히 99.

2. Connable, *Embracing the Fog of War*, chap. 6.

3. David Kilcullen, *Counterinsurgency* (New York, 2010), p. 2.

4. 위의 책, pp. 56-57.

5. 위의 책, pp. 58-59.

6. 위의 책, p. 60.

7. Connable, *Embracing the Fog of War*, pp. xv, xx.

8. Jan Osborg et al., *Assessing Locally Focused Stability Operations* (Rand Corporation, 2014), p. 9.

9. Connable, *Embracing the Fog of War*, p. 29.

12장. 비즈니스 및 금융 ──

1. http://www.simon.rochester.edu/fac/misra/mkt_salesforce.pdf.

2. Barry Gruenberg, "The Happy Worker: An Analysis of Educational and Occupational Differences in Determinants of Job Satisfaction," *American Journal of Sociology* 86 (1980), pp. 247-271, 특히 pp. 267-268, quoted in Kohn, *Punishment by Rewards*, p. 131.

3. Erik Brynjolfsson and Andrew McAfee, *The Second Machine Age: Work, Progress, and Prosperity in a Time of Brilliant Technologies* (New York, 2014).

4. Dan Cable and Freck Vermeulen, "Why CEO Pay Should Be 100% Fixed," *Harvard*

Business Review (February 23, 2016).

5. Madison Marriage and Aliya Ram, "Two Top Asset Managers Drop Staff Bonuses," Financial Times, August 22, 2016.

6. Jeffrey Preffer and Robert I. Sutton, "Evidence-Based Management," Harvard Business Review (January 2006), pp. 63-74, 특히 p. 68.

7. Boris Ewenstein, Bryan Hancock, and Asmus Komm, "Ahead of the Curve: The Future of Performance Management," McKinsey Quarterly, no. 2 (2006), pp. 64-73, 특히 p. 72.

8. Ewenstein et al., "Ahead of the Curve," pp. 67-68.

9. Tyler Cowen and Alex Tabarrok, Modern Principles of Macroeconomics, 3rd ed. (New York, 2014), p. 413.

10. Mark Maremont, "EpiPen Maker Dispenses Outsize Pay," Wall Street Journal, September 13, 2016; 그리고 Tara Parker-Pope and Rachel Rabkin Peachman, "EpiPen Price Rise Sparks Concern for Allergy Sufferers," New York Times, August 22, 2016.

11. Matt Levine, "Wells Fargo Opened a Couple Million Fake Accounts," Bloomberg. com, September 9, 2016; 그리고 미국 소비자금융보호위원회(CFPB), 행정해결절차 2016-CFPB-0015, 동의명령.

12. 다른 예로는 Gibbons, "Incentives in Organizations," p. 118을 보라.

13. Ferraro, Pfeffer, and Sutton, "Economics Language and Assumptions."

14. Douglas H. Frank and Tomasz Obloj, "Firm-Specific Human Capital, Organizational Incentives, and Agency Costs: Evidence from Retail Banking," Strategic Management Journal 35 (2014), pp. 1279-1301.

15. 이러한 예는 위의 책, p. 1282에 인용되어 있다.

16. 이어지는 설명은 Amar Bhide, "An Accident Waiting to Happen," Critical Review 21, nos. 2-3 (2009), pp. 211-247; Bhide, A Call for Judgment: Sensible Finance for a Dynamic Economy (New York, 2010), 특히 "Introduction"; Arnold Kling, "The Financial Crisis: Moral Failure or Cognitive Failure?" Harvard Journal of Law and Public Policy 33, no. 2 (2010), pp. 507-518, 그리고 Arnold Kling, Specialization and

Trade (Washington, D.C., 2016)에 기초하고 있다.

17. Kling, "The Financial Crisis"; 그리고 Kling, Specialization and Trade, pp. 182-183.

18. Lawrence G. McDonald with Patrick Robinson, *A Colossal Failure of Common Sense: The Inside Story of the Collapse of Lehman Brothers* (New York, 2009), pp. 106-109.

19. Amar Bhide, "Insiders and Outsiders," *Forbes*, September 24, 2008.

20. 이어지는 단락들은 Jerry Z. Muller, "Capitalism and Inequality: What the Right and the Left Get Wrong," *Foreign Affairs* (March-April 2013), pp. 30-51에 기초하고 있다.

21. Hyman P. Minsky, "Uncertainty and the Institutional Structure of Capitalist Economies," *Journal of Economic Issues* 30, no. 2 (June 1996), pp. 357-368; Levy Economics Institute, Beyond the Minsky Moment (e-book, April 2012); Alfred Rappaport, *Saving Capitalism from Short-Termism* (New York, 2011).

22. 주식공개회사의 단기 성과주의 경향에 관해서는 John Asker, Joan Farre-Mensa, and Alexander Ljungqvist, "Corporate Investment and Stock Market Listing: A Puzzle?" *Review of Financial Studies* 28, no. 2 (2015), pp. 342-390을 참조하라.

23. http://www.businessinsider.com/blackrock-ceo-larry-fink-letter-to-sp-500-ceos-2016-2.

24. Klarman, *A Margin of Safety*.

25. Nelson P. Repenning and Rebecca M. Henderson, "Making the Numbers? 'Short Termism' and the Puzzle of Only Occasional Disaster," Harvard Business School Working Paper 11-33, 2010. 일부 성과급 계획이 신뢰, 직원의 헌신, 조직의 생산에 미치는 부정적인 영향에 대해서는 Michael Beer and Mark D. Cannon, "Promise and Peril in Implementing Pay-for-Performance," *Human Resources Management* 43, no. 1 (Spring 2004), pp. 3-48을 보라.

26. Michael C. Jensen, "Paying People to Lie: The Truth about the Budgeting Process," *European Financial Management* 9, no. 3 (2003), pp. 379-406.

27. Gary P. Pisano and Willy C. Shih, "Restoring American Competitiveness," *Harvard Business Review* (July 2009), pp. 11-12.

28. 보스턴컨설팅 그룹의 이브 모리외, 2015년 7월, TED 강연, "How Too Many Rules at Work Keep You from Getting Things Done." Morieux and Tollman, *Six Simple Rules* 또한 참조하라.

29. Frank Knight, *Risk, Uncertainty, and Profit* (New York, 1921).

30. Isabell Welpe, "Performance Paradoxon: Erfolg braucht Uneindeutigkeit: Warum es klug ist, sich nicht auf eine Erfolgskennzahl festzulegen," *Wirtschaftswoche* July 31, 2015, p. 88.

13장. 자선 사업 및 대외원조 ――

1. Ann Goggins Gregory and Don Howard, "The Nonprofit Starvation Cycle," *Stanford Innovation Review* (Fall 2009); and "The Overhead Myth," http://overheadmythcom.b.presscdn.com/wp-content/uploads/2013/06/GS_OverheadMyth_Ltr_ONLINE.pdf.

2. 예를 들어, P. T. Bauer, *Dissent on Development* (Cambridge, Mass., 1976)를 보라.

3. Mark Moyar, *Aid for Elites: Building Partner Nations and Ending Poverty through Human Capital* (Cambridge, 2016), p. 188. "측정"에 관한 장 전체에 값진 정보가 담겨 있다.

4. Andrew Natsios, "The Clash of the Counter-Bureaucracy and Development" (2010), http://www.cgdev.org/publication/clash-counter-bureaucracy-and-development; 그리고 Natsios, "The Foreign Aid Reform Agenda," Foreign Service Journal 86, no. 12 (December 2008), quoted in Moyar, *Aid for Elites*, pp. 188-189.

5. 마크 모야르(Mark Moyar)가 2012년에 인터뷰한 익명의 USAID 관리, Moyar, *Aid for Elites*, p. 190에 인용됨.

6. Moyar, *Aid for Elites*, p. 186.

14장. 투명성이 성과의 적이 될 때 ——

1. Moshe Halbertal, *Concealment and Revelation: Esotericism in Jewish Thought and Its Philosophical Implications*, trans. Jackie Feldman (Princeton, 2007), pp. 142-143.

2. Tom Daschle, Jason Grumet, *City of Rivals: Restoring the Glorious Mess of American Democracy* (New York, 2014), p. x(서문).

3. 이에 관해서는 Jonathan Rauch, "How American Politics Went Insane," *The Atlantic*, July-August, 2016; Jonathan Rauch, "Why Hillary Clinton Needs to be Two-Faced," *New York Times*, October 22, 2016; 그리고 Matthew Yglesias, "Against Transparency," *Vox*, September 6, 2016을 보라.

4. Cass R. Sunstein, "Output Transparency vs. Input Transparency," August 18, 2016, https://papers.ssrn.com/sol3/papers.cfm?abstract_id=2826009.

5. 위키피디아, "Chelsea Manning."

6. Christian Stocker, "Leak at WikiLeaks: A Dispatch Disaster in Six Acts," *Spiegel Online*, September 1, 2011.

7. Halbertal, *Concealment and Revelation*, p. 164.

8. Joel Brenner, *Glass Houses: Privacy, Secrecy, and Cyber Insecurity in a Transparent World* (New York, 2013), p. 210.

15장. 의도하지 않은, 예측 가능한 부정적 결과 ——

1. Ravitch, *The Death and Life of the Great American School System*, p. 161; Stewart, *The Management Myth*, p. 54.

2. Holmström and Milgrom, "Multitask Principal-Agent Analyses."

3. Merton, "Unanticipated Consequences and Kindred Sociological Ideas: A Personal Gloss," p. 296.

4. Morieux and Tollman, *Six Simple Rules*, pp. 6-16.

5. Lilford and Pronovost, "Using Hospital Mortality Rates to Judge Hospital Performance."

6. Berwick, "The Toxicity of Pay for Performance."

7. 이 주제에 관해서는 George A. Akerlof and Rachel E. Kranton, *Identity Economics: How Our Identities Shape Our Work, Wages, and Well-Being* (Princeton, 2010), chap. 5, "Identity and the Economics of Organizations"를 보라.

8. Berwick, "The Toxicity of Pay for Performance."

9. 『대번영의 조건: 모두에게 좋은 자본주의란 무엇인가』, 에드먼드 펠프스 지음, 이 창근 · 홍대운 옮김(열린책들, 2016)

10. 비슷한 내용으로는 Scott, *Seeing Like a State*, p. 313이 있다.

11. 하버드대학교의 데일 요겐슨 교수에 따르면, 총요소생산성이 유일하게 증가한 분야는 IT 제조업이었다. Dale W. Jorgenson, Mun Ho, and Jon D. Samuels, "The Outlook for U.S. Economic Growth," in Brink Lindsey (ed.), *Understanding the Growth Slowdown* (Washington, D.C., 2015). 인적자원에 대한 행동 측정지표가 어떻게 진취성을 무너뜨리는지에 대해서는 Lutz, *Car Guys vs. Bean Counters*, pp. ix-x를 보라.

16장. 측정지표를 언제, 어떻게 사용할 것인가 ——

1. Young et al., "Financial Incentives, Professional Values and Performance," *Journal of Organizational Behavior* 33 (2012), pp. 964-983, 특히 p. 969.

2. Thomas Kochan, "Promise and Peril in Implementing Pay-for-Performance"에 대한 논평, *Human Resources Management* 43, no. 1 (Spring 2004), pp. 35-37.

3. J. Matthew Austin, Elizabeth A. McGlynn, and Peter J. Pronovost, "Fostering Transparency in Outcomes, Quality, Safety, and Costs," *JAMA* 316, no. 16 (October 25, 2016), pp. 1661-1662.

4. B. S. Frey and M. Osterloh, *Successful Management by Motivation. Balancing Intrinsic and Extrinsic Incentives* (Heidelberg, 2002).

5. Kling, *Specialization and Trade*, p. 33.

찾아보기

성과지표의 배신

성과지표의 배신

성과지표의 배신

1판 1쇄 펴냄 2020년 1월 15일
1판 2쇄 펴냄 2020년 6월 15일

지은이 제리 멀러
옮긴이 김윤경

주간 김현숙 | **편집** 변효현, 김주희
디자인 이현정, 전미혜
영업 백국현, 정강석 | **관리** 오유나

펴낸곳 궁리출판 | **펴낸이** 이갑수

등록 1999년 3월 29일 제300-2004-162호
주소 10881 경기도 파주시 회동길 325-12
전화 031-955-9818 | **팩스** 031-955-9848
홈페이지 www.kungree.com | **전자우편** kungree@kungree.com
페이스북 /kungreepress | **트위터** @kungreepress
인스타그램 /kungree_press

ⓒ 궁리출판, 2020.

ISBN 978-89-5820-630-9   03320

책값은 뒤표지에 있습니다.
파본은 구입하신 서점에서 바꾸어 드립니다.